Die Sanctus Germanus Prophezeiungen

Band 1

Die Ereignisse bis zum Jahr 2012

von

Michael P. Mau

Der Amanuensis

The Sanctus Germanus Foundation

Alberta, Canada

www.sanctusgermanus.net

Erstveröffentlichung 2003 durch Arberton International Ltd. unter dem Titel *Beyond Armageddon*

Für die Bestellung weiterer Exemplare: www.arberton.com

Library and Archives Canada Cataloguing in Publication
Mau, Michael P.
The Sanctus Germanus Prophecies: the events leading up to year 2012/by Michael P.Mau- 3rd ed.
ISBN 978-0-9868327-2-7

1. Twenty-first century-Forecasts. 2.New Age movement
1.Sanctus Germanus Foundation II.Title

Umschlaggestaltung: Ryan Chen von der Sanctus Germanus Foundation

Sanctus Germanus bedeutet Heiliger Bruder und ist einer der Namen des Meisters der Violetten Flamme in der Bruderschaft des Lichts.

The Sanctus Germanus Foundation
Publications Division
Alberta, Canada

Eine Botschaft der Bruderschaft des Lichts

Gesegnete Kinder der Erde, wir lenken durch dieses Buch eure Aufmerksamkeit auf einige kosmische Ereignisse, die bald auf euch zukommen werden. Wir wünschen uns, dass ihr das, was wir euch aus Liebe zur Kenntnis bringen, versteht und euch zu Herzen nehmt. Wir wollen euch damit nicht erschrecken, sondern euch darauf vorbereiten, was mit der Erde unausweichlich geschehen wird. Diejenigen, die diese Information im voraus besitzen und richtig verarbeiten, werden darauf vorbereitet sein, denn eure spirituellen Führer stehen bereit, um euch den Weg aus Gefahr und Not zu weisen. Jene, die es vorziehen, diese Information zu ignorieren, werden eures Mitleids bedürfen, wenn sie sich unter der dunklen Wolke von Armageddon wiederfinden.

Was euch wie eine schlechte Nachricht vorkommen mag, kann ebenso gut als gute Nachricht angesehen werden, wenn man es im erweiterten Zusammenhang eines kosmischen Hausputzes betrachtet. Diejenigen, die verstehen, was vor sich geht, bitten wir, während dieser Ereignisse Kurs zu halten. Folgt dem Pfad auf den steilen Berg. Durchlebt die Zeit der Bedrängnis mit einer klaren Vision dessen, was vor euch liegt. Und wenn ihr den Gipfel erreicht, oh was für eine Pracht und Herrlichkeit, wenn ihr auf das blickt, was auf der anderen Seite liegt! Das können wir euch versprechen.

Wir von der Bruderschaft des Lichts stehen bereit, um jedem von euch zu helfen. Ruft uns an, und wir werden einen Weg finden, euch im tiefsten Innern eurer Seele zu antworten. Taucht tief ins Innerste eurer selbst, findet den Priester in euch selbst und kommuniziert mit uns. Wir nähern uns euch von der inneren Welt aus. Und sobald ihr anfangt, unsere Gegenwart zu spüren, werden wir euch an der Hand nehmen und in die äußere Welt der Illusion zurückführen, die euch unter einem völlig anderen Blickwinkel erscheinen wird. Dies ist die Morgendämmerung des Wassermannzeitalters, dies ist die Morgendämmerung der Sonne, die in uns ist.

Inhaltsverzeichnis

Vorwort

Am ersten Januar 2001 begannen die überall latent vorhandenen weiblichen Energien ihre beschleunigte Wiedervereinigung mit den in der Menschheit vorherrschenden männlichen Energien. Dieses bedeutsame Ereignis wird einige Jahrzehnte andauern und auf der Erde unerhörte Veränderungen bewirken, denn wann immer das „Neue“ das „Alte“ ersetzen muss, entsteht Aufruhr, und der wird uns in den kommenden Jahren bis zum Jahr 2012 und darüber hinaus reichlich beschieden sein.

Das Jahr 2012 ist bereits im Massenbewusstsein als das Ende des gegenwärtigen zweitausend Jahre alten Zyklus´ eingeprägt, eines Zeitalters, in dem die männlichen Energien das Leben auf der Erde bestimmt haben. Der kosmische Übergang von einem Zeitalter zum nächsten geht stets mit körperlichen und geistigen Umwälzungen einher, da der Weg für frische neue Energien frei gemacht werden muss, die das Kommando übernehmen. So wird die turbulente Dekade, die dem Jahr 2012 vorausgeht, die Entschlusskraft der Menschheit auf die Probe stellen, da die männlichen Energien, die bestimmten Dunklen Mächten innewohnen, sich in einer letzten verzweifelten Schlacht an ihre gegenwärtige Herrschaft in der Finanzwelt und im Kriegsgeschäft klammern werden. Diese Schlacht ist in den Worten der Bibel als das Schrecken verbreitende und gefürchtete Armageddon bekannt. Das Jahr 2012 markiert jedoch nicht, wie oft vorhergesagt, das Ende der Welt, sondern vielmehr die Geburt eines neuen Goldenen Zeitalters, das auf der irdischen Ebene oder in den himmlischen Königreichen im allgemeinen als Zeitalter des Wassermanns bekannt ist.

Unsere Ansichten basieren auf der alten Weisheit der Meister der Großen Bruderschaft des Lichts. Sie haben uns versichert, dass uns Armageddon tatsächlich bevorsteht, dass seine Funktion aber nicht darin besteht, die Welt auszulöschen, sondern darin, die Übeltäter auszutreiben und Platz zu machen für die Wiedervereinigung der weiblichen mit den männlichen Energien. Nach dieser Säuberung werden die Guten und Unschuldigen auf Erden bleiben, und das neue Goldene Zeitalter des Wassermanns wird gekennzeichnet sein durch die vollkommene Balance zwischen den männlichen und weiblichen Energien.

Es verhält sich nun so, dass einer aus der Großen Bruderschaft des Lichts, der Meister Sanctus Germanus, der Hierarch des Wassermannzeitalters uns angewiesen hat, euch durch dieses Buch über die Vorzeichen und Ereignisse zu informieren, die zum Jahr 2012 führen und darüber hinaus von Bedeutung sind. Während dieser Zeit werden sich viele fragen, ob die ganze Welt nicht verrückt geworden ist, denn da sich die weiblichen Energien auf allen Ebenen und in allen gesellschaftlichen Bereichen reintegrieren, wird alles Böse, das mit den männlichen Energien in Verbindung steht, ausgetrieben werden. Die Menschheit wird erneut ins Gleichgewicht gebracht werden und kann sich dann darauf freuen, ihren wunderbaren Weg der Evolution und ihren Aufstieg zur Erleuchtung fortzusetzen.

Um uns durch diese schwierige Zeit hindurch zu helfen, werden die Meister der Weisheit der Großen Bruderschaft des Lichts im Geiste stets anwesend sein, zwar im Blickfeld der Erde, jedoch in einer anderen Dimension. Von Zeit zu Zeit nehmen sie körperliche Gestalt an, um mit ihren Eingeweihten und Schülern zu kommunizieren, oder aber sie übermitteln ihre Botschaften durch ein Medium, wie sie es im Lauf der Zeit immer schon getan haben. Viele große spirituelle Werke der Vergangenheit und Gegenwart sind aus solch einer telepathischen Verbindung hervorgegangen und tun es noch heute.

Heutzutage beeinflusst die Bruderschaft das Denken von Schriftstellern, Musikern, Wissenschaftlern, Philosophen, Politikern, Bankern und anderen aus allen Lebensbereichen, so wie das seit Jahrtausenden bereits geschieht. Ihre Mission durch die Jahrtausende hindurch bestand darin, den menschlichen Intellekt bis zu dem heute erreichten Punkt zu vergrößern und zu entfalten. Viele Koryphäen der Menschheitsgeschichte haben sich entschieden, in der heutigen Zeit zu reinkarnieren, um der Menschheit durch die Zeit des Übergangs zu helfen, und die meisten von ihnen sind fähig, mit den Meistern der Bruderschaft telepathisch zu kommunizieren. Durch das vorliegende Buch und weitere hofft die Bruderschaft, ihre Ansichten allen dafür offenen Menschen auf der Welt mitzuteilen.

Während meiner gegenwärtigen Inkarnation habe ich erst kürzlich Kenntnis von der Großen Bruderschaft des Lichts erhalten, obwohl ich in meinen früheren Leben sehr eng mit ihr verbunden war. Meine Hauptaufgabe bis zu dem Moment, als ich mich wieder meinen Brüdern anschloss, bestand darin, soviel wie möglich darüber zu erfahren, wie die Welt funktioniert. Ich erhielt eine normale Ausbildung an amerikanischen und europäischen Universitäten, lernte irdische Logik und wissenschaftliche Forschungsmethoden. Später verwendete ich dieses Wissen für eine internationale Karriere in der Welt der Diplomatie, Entwicklungshilfe und der Geschäftswelt, die es mir ermöglichte, oft auch in entlegene Winkel der Erde zu reisen.

Als ich in die Verbindung mit der Bruderschaft zurückgeholt wurde, belebten einige Aufgestiegene Meister unter der Leitung des Meisters Sanctus Germanus meine Fähigkeit, mit ihnen telepathisch zu verkehren wieder neu. Durch diesen Kommunikationskanal habe ich dieses Buch geschrieben.

Die Entscheidungsschlacht zwischen Licht und Dunkelheit, das Armageddon, ist nun über uns gekommen. Während der restlichen Zeit dieser Dekade werden die Finanztürme, die die Dunklen Mächte kunstvoll errichtet haben, einstürzen und eine tiefe ökonomische Depression über die Menschheit bringen, denn wie es aussieht, wird die breite Masse die Wahrheit nur dann erkennen, wenn sie einem Abgrund von Verzweiflung entsteigt. Die Dunklen Mächte werden sich ein letztes Mal aufraffen und die Welt in einen weiteren Weltkrieg stürzen, sofern die Welt nicht die Mittel aufbringt, sie aufzuhalten. Diese Entscheidungsschlacht wird die Gesellschaft in allen Bereichen betreffen - von hart geprüften Familien bis zu internationalen Allianzen - und wir alle werden diesen Wahnsinn auf die eine oder andere Weise erleben.

In diesem Buch wird versucht, den Wahnsinn von Armageddon in die richtige Perspektive zu rücken und aufzuzeigen, wie diese Dekade großer Unruhe ausgehen wird und was nach einem errungenen Sieg vor uns liegt. Wir sind zuversichtlich, dass, sobald ihr erkennt, wie die Dunklen Mächte euch eures Reichtums und eurer Rechte beraubt haben, ihr glücklich sein werdet, dass das Armageddon über uns gekommen ist, denn es kann alles so viel besser werden.

Wir präsentieren euch unsere Ideen als Nahrung für den Geist. Es geht uns nicht darum zu streiten, zu überzeugen oder euch zu überreden, sie anzunehmen. Wir wollen lediglich bestimmte Fragen stellen und euch mit einer anderen, aber sehr plausiblen Art, das Weltgeschehen zu betrachten, vertraut machen. Unsere Ansichten stehen häufig in direktem Gegensatz zu dem, was im allgemeinen in den Weltmedien verbreitet wird und vermag deshalb schwierig zu ergründen sein. Wir werden Fragen aufwerfen, die Terrorismus, Krieg, nationale Verschuldung, Besteuerung, Bürokratie und den Aktienmarkt im Kontext der aktuellen Weltentwicklung betreffen. Dadurch wird es uns hoffentlich gelingen, den Grund für das Armageddon darzulegen und wie es auf der Erde zu einem noch nie dagewesenen Goldenen Zeitalter führen wird. Also wartet ab. Es wird ein wilder Ritt, aber die Pracht und das Licht am Ende des Tunnels sind es allemal wert.

Michael P. Mau, PhD.
Der Amanuensis (Sekretär)

Kapitel 1

Die Wiedereingliederung der weiblichen Energien

Einführung

Am 1. Januar 2001 begann die weibliche Energie, wie im kosmischen Erdkalender vorgesehen, ihren Wiedereintritt auf die Erde durch jede einzelne Seele der Menschheit. Die männlichen Energien reagierten gewalttätig. Der terroristische Angriff auf das World Trade Center in New York, der Krieg in Afghanistan und der Irakkrieg flackerten auf, während regionale Feuersbrünste im Kongo, auf dem indischen Subkontinent, in Südostasien, dem Mittleren Osten und Südamerika ausbrachen. Weitere Feuersbrünste und Unruhen stehen uns bevor während die Wiedereingliederung weitergeht.

Ist dies die Ablösung einer Energieform durch eine andere? Die Antwort ist ein ausdrückliches „Nein". Die weibliche Energie versucht wieder ein Gleichgewicht mit der männlichen herzustellen, weil dies der einzige Weg ist, „Friede auf Erden und den Menschen ein Wohlgefallen" zu erreichen. Diese Energie versucht nicht zu dominieren, denn jegliches Ungleichgewicht, gleichgültig ob weiblich oder männlich, würde die Erde dazu bringen, ihren gegenwärtigen prekären Kurs fortzusetzen.

Das Wiedergeltendmachen der weiblichen Energie verlangt von jedem einzelnen Individuum, männlich wie weiblich, ein Ausbalancieren von männlicher und weiblicher Energie. Keiner bleibt davon ausgenommen, und deshalb werden die Turbulenzen, die wir in diesen Jahren der Prüfung erleben Familien, Ehen, Partnerschaften, Geschäftsbeziehungen, Regierungen und Nationen dazu bringen, diese neuen Energien wieder einzusetzen, zu verändern und zu absorbieren. In dem Maße wie altehrwürdige Hierarchien ins Wanken geraten und Beziehungen zerbrechen, werden Aufruhr und beständige Neuanpassung an die Veränderungen vorherrschen. Daraus werden letztlich ausgeglichenere Individuen hervorgehen, die dazu bereit sind, eine Welt des Friedens und der Harmonie aufzubauen.

In diesem Buch werden wir erläutern 1) wie die männlichen Energien dazu kamen, die Erde in Gestalt der Dunklen Mächte zu beherrschen und 2) wie diese männlichen Energien verzweifelt bis zum Ende kämpfen werden und dadurch im Lauf der nächsten Dekade Vernichtung und Zerstörung auf der Erde verursachen; 3) wie der Ausgang dieser Schlacht bereits vorbestimmt ist, sowie 4) wie sich der Kreis mit dem Wiederauftauchen eines „neuen“ Wassermannzeitalters schließt, sobald die Balance erreicht ist.

Zu dieser Reintegration wird das Element der beschleunigten Zeit hinzukommen, die den Topf, wie es so schön heißt, zum Überbrodeln bringt und dafür sorgen wird, dass dieser Wandel sich mit unerwarteter Geschwindigkeit vollziehen wird - was, alles zusammen genommen, einige dem Wahnsinn anheim fallen lassen wird. Aber warum sollte dieses schmutzige Geschäft nicht so schnell wie möglich erledigt werden?

Eine schematische Darstellung unseres gegenwärtigen Erdkreislaufs

Wenn Gott oder der Schöpfer ausatmet, werden Funken von Energie aller Stufen und Stärkegrade in diesem Winkel des Weltalls versprüht, von denen einige Millionen von Jahren auf Reisen sind, bis sie ihre Position im All einnehmen, als Sonnensysteme mit Planeten, Monden und Bewohnern, gemäß dem göttlichen Plan. Das „Ausatmen“ des Schöpfers ist somit die große Schöpfung in all ihren vielfältigen Formen.

Wenn der Schöpfer einatmet, werden alle Energiefunken zu ihrem Schöpfer zurückgeführt. Dieses Zurückführen dauert Millionen von Jahren, und jeder Funke muss dabei seinen Weg in der ihm eigenen Geschwindigkeit zurücklegen. Auf diese Weise erhalten wir einen Kreislauf von Gottes „Ausatmen“ und „Einatmen“, der Millionen und Abermillionen von Erdenjahren bis zu seiner Vollendung dauert.

Der Feuerball, der die Erde bildet, erreichte seine Position in unserem Abschnitt des Alls vor einigen hundert Millionen von Jahren. Nachdem er sich abgekühlt hatte, säte der Schöpfer die DNA-Samen von Lebensformen, die sich in weit komplexere Lebewesen entwickeln sollten. Als diese Lebensformen sich in fortgeschrittenere Formen entwickelt hatten, die Seelen einer höheren

Schwingung beherbergen konnten, kam der Große Alte der Tage, Sanat Kumara, umgeben von einer Reihe fortgeschrittener Seelen, auf die Erde. Sie nahmen Körper von höher entwickelten Lebensformen an und begannen damit, eine verfeinerte und weiter entwickeltere Form der menschlichen Gattung zu verbreiten.

Die große Zivilisation von Lemuria entsprang dieser Anstrengung. Helena Blavatsky hat, wie sie in ihrem Werk Die Geheimlehre erzählt, von Lemuria aus dem *Buch von Dzyan* erfahren , das ihr die Meister der Weisheit gezeigt hatten, und ebenso aus Dokumenten aus dem Sanskrit, die sich auf den früheren Kontinent bezogen. Die meisten okkulten Gelehrten stimmen darin überein, dass Lemuria ein riesiger Kontinent war, der im heutigen Pazifik lag und von dem die Pazifischen Inseln übrig geblieben sind, darunter auch die Hawaiianische Inselkette, die Osterinseln, Fiji und der australische Subkontinent. Einige spekulieren darüber, dass er sich bis nach Indien erstreckte und den Subkontinent mit Australien verband.

Blavatsky beschreibt die Lemurianer als die dritte Wurzelrasse von Einwohnern der Erde, deren primäres Charakteristikum die anfänglich vollkommene Balance zwischen männlichen und weiblichen Schwingungen war. Diese Balance erklärte das Ausbleiben von Konflikten sowie ihre friedliebende Existenz. Die Lemurianer waren androgyne, eierlegende Wesen mit einem dritten Auge, das ihnen natürliche psychische Kräfte verlieh sowie die Fähigkeit zur telepathischen Kommunikation.

Gegen Ende der lemurianischen Zivilisation

wurde das fragile Gleichgewicht zwischen dem Weiblichen und dem Männlichen beendet, und die Lemurianer entwickelten sich zu zwei Geschlechtern. Die daraus entstehende Entdeckung sexueller Beziehungen führte zum Niedergang der Zivilisation, und die gesamte Kultur wurde während einer gewaltigen Flut , die vor ungefähr 24 500 Jahren stattfand, komplett ausgelöscht.

Als Lemuria im Niedergang begriffen war, entstand eine andere große Zivilisation, Atlantis, und zwar dort, wo sich heute der Atlantische Ozean erstreckt. Obwohl auch die Bewohner von Atlantis in ein männliches und weibliches Geschlecht getrennt waren, existierte doch zwischen diesen beiden Energien noch ein Gleichgewicht, das es der Zivilisation anfänglich erlaubte, aufzublühen. Wie wir in den späteren Kapiteln sehen werden, wurde diese Balance zugunsten der männlichen Schwingungen gestört, die die technischen Errungenschaften der Zivilisation an sich rissen, um die Menschen mit einer Kultur des Geldes und des Krieges zu unterdrücken. Dies führte zum endgültigen Untergang von Atlantis, als der Kontinent im Meer versank.

Trotz dieses Untergangs setzten Seelen mit den in Atlantis vorherrschenden männlichen Schwingungen ihre Reinkarnationen in den alten ägyptischen, griechischen, hinduistischen, europäischen, afrikanischen und chinesischen Kulturen fort und zwar bis in unsere moderne Zivilisation von heute. Deshalb ist unsere Zivilisation heute auch gekennzeichnet von Konflikten auf allen Ebenen sowie von der Herrschaft des Geldes.

Die kosmischen Ursprünge der Großen Bruderschaft des Lichts

Die Große Bruderschaft des Lichts wurde unter der Führung des Planetarischen Logos Sanat Kumara gegründet, um die Entwicklung der Menschheit im Lauf der Zeiten zu überwachen.

Im Lauf der Evolution dieser Kulturen wurden hoch entwickelte Wesen von anderen Planeten zur Erde gesandt, um der Erde und ihren Bewohnern als Führer zu helfen. Diese fortgeschrittenen Wesen stellten die ursprüngliche DNA zur Verfügung, von der ausgehend sich die große Masse der heutigen Erdbevölkerung in ihrer Vielfalt entwickelte. Sie beobachteten die Entwicklung der Menschheit und rekrutierten Schüler aus der Erdbevölkerung, deren Seelen bereits unzählige Inkarnationen auf Erden hinter sich hatten und bildeten sie darin aus, ihre Aufgaben als kosmische Führer zu übernehmen.

Diese Anhänger entwickelten sich schneller weiter als der Rest der Menschheit. Sobald sie in höhere Dimensionen der Evolution aufstiegen und Meister wurden, erlangten sie vergänglichere Körper. Einige dieser Meister haben einen derartigen Grad an Vollkommenheit erreicht, dass sie höher entwickelte Planeten, wie zum Beispiel den Schwesterplaneten der Erde, Venus, und andere darüber hinaus besuchen . Einige von ihnen entschließen sich dazu, innerhalb der Erdensphäre zu bleiben, anstatt sich auf höhere Entwicklungsstufen zu begeben, damit sie bei der Weiterentwicklung der Menschheit mitwirken können.

Viele Jahrtausende hindurch bildeten diese

hochentwickelten Wesen einen Kern, der als Große Bruderschaft des Lichts bekannt ist, dessen Ziel es war und noch immer ist, die Erdbevölkerung auf ihrem evolutionären Weg zurück zum Schöpfer zu führen. Diese Meister arbeiten unter und koordinieren ihre Aktivitäten mit jenen großen solaren kosmischen Wesen, die die Evolution der Erde selbst leiten. Da sie sich selbst in rascherem Tempo entwickelt hat, ist die Große Bruderschaft des Lichts in gewissem Sinne die Avantgarde der menschlichen Rasse - das Vorbild dessen, was wir selbst in Tausenden von Jahren einmal sein werden.

Die kosmischen Ursprünge der Dunklen Mächte

Eine der Eigentümlichkeiten der Erde besteht darin, dass sie in der Zone des freien Willens im Universum liegt und deshalb Wesen von anderen Planeten anziehen kann, die versagt haben oder sich dazu entschieden haben, sich nicht mit ihrem eigenen Volk weiterzuentwickeln. Mit anderen Worten, Zurückgebliebene oder Aussteiger aus anderen planetaren Evolutionen können sich dazu entschließen, auf der Erde weiterzuleben, um weiter an ihrer Erlösung zu arbeiten. Aufgrund des kosmischen Gesetzes der Anziehung befinden sich diese Aussteiger aus anderen Evolutionen tendenziell auf dem selben Entwicklungs- Niveau wie wir auf der Erde.

Viele dieser Aussteiger stammen aus den Tagen von Atlantis. Da unsere gegenwärtige Zivilisation genau denselben Stand erreicht hat wie Atlantis, als es sich selbst zerstörte, haben diese atlantischen Aussteiger in Winkeln der astralen Ebene gewartet, um auf die Erde zu gelangen. Diese Unwissenden, die zum Teil für den Untergang von Atlantis verantwortlich waren, haben nun in der heutigen Zivilisation eine Heimat gefunden.

Einige Aussteiger kehrten auf die Erde zurück und entdeckten von neuem den Pfad des Lichts und der Rechtschaffenheit. Viele jedoch hielten hartnäckig an ihren atlantischen Vorgehensweisen fest und bilden nun das, was wir die Dunklen Mächte nennen. Diese Unwissenden überfielen die hochentwickelte spirituelle Führerschaft von Atlantis und übernahmen die Machtstrukturen. Sie versuchten mit kriegerischen Kräften und Geld weite Teile der atlantischen Bevölkerung zu unterjochen. Am Ende verursachten ihre Methoden den ultimativen Untergang von Atlantis.

Gegenwärtig sind sie sowohl in männlicher wie weiblicher Gestalt inkarniert und vermischen sich mit den guten und arglosen Seelen auf der Erde, um so eine heterogene Mischung von Seelen zu erzeugen, wie es sie nirgends sonst in diesem Sonnensystem gibt. Ihre Anwesenheit auf der Erde erklärt all den Streit und die Auseinandersetzungen, die wir über Jahrhunderte erleben mussten, da sie die Bemühungen der Menschheit, auf dem Göttlichen Pfad der Evolution zu bleiben, durchkreuzen. Durch das stürmische 20.Jahrhundert hindurch wurden wir Zeugen wie Gestalten wie Adolf Hitler, Josef Stalin und die Generäle von Kaiser Hirohito bei dem Versuch, die Völker der Erde zu unterwerfen, massenhaft Menschen abschlachteten. Andere haben Völkermord und ethnische Säuberungen begangen und das in einem das Vorstellungsvermögen eines normalen Menschen übersteigenden Ausmaß.

Heutzutage gibt es mehr von dieser Sorte. Einige begehen genauso kaltblütig und skrupellos ihre Taten wie die vorhergehenden Generationen. Andere kommen im Schafspelz daher und bedienen sich wesentlich subtilerer Methoden beim Ausbeuten der menschlichen Schwächen und der fortschreitenden Versklavung der Menschheit.

Das Projekt des Meisters Sanctus Germanus

Die Große Bruderschaft des Lichts wird die Wiedereingliederung der weiblichen Energien anleiten und genau durch dieses Ereignis die Dunklen Mächte für immer von der Erde vertreiben, ehe diese in das "neue" Wassermannzeitalter eintritt. Aber die Dunklen Mächte werden das Feld nicht kampflos räumen.

Während der letzten Dekaden wurden die Schlachtlinien für eine Entscheidungsschlacht entworfen, und die Streitmacht der Großen Bruderschaft des Lichts unter der Anleitung und Führung des Meisters Sanctus Germanus sind ausgerichtet, die Entscheidungsschlacht auf der Erde zu schlagen. Viele hochentwickelte Seelen, frühere Größen der Menschheitsgeschichte oder mit der Bruderschaft in Verbindung Stehende, haben beschlossen, sich zu diesem Zeitpunkt auf der Erde zu reinkarnieren, um auf der Seite der Menschheit an der Schlacht teilhaben zu können.

Der Ausgang dieser Schlacht wurde bereits vorbestimmt, denn dieses Mal werden die Kräfte des Lichts den Sieg davontragen, und die unwissenden Seelen werden für immer von der Erde verbannt, auf der männliche und weibliche Energien im Gleichgewicht zurückbleiben werden.

Deshalb bedeutet Armageddon weniger das Ende der Welt als in Wirklichkeit die Säuberung der Erde vom Einfluss des Bösen durch die Reintegration der weiblichen Energien. Sobald die Schlacht von Armageddon geschlagen ist, wird das Goldene Zeitalter anbrechen, in dem die Erde auf der evolutionären Leiter hin zum Schöpfer wieder an Schwung gewinnen wird.

Die Gewährung des " ICH BIN"

Da er genau wusste, dass jene auf der Erde an dieser Entscheidungsschlacht teilhaben würden, führte der Meister Sanctus Germanus in den 30iger Jahren des 20.Jahrhunderts die "ICH BIN" Bewegung ein. Er erinnerte den Westen noch einmal daran, was die Theosophen ihm fünfzig Jahre davor gegeben hatten und was die Buddhisten seit Jahrhunderten wussten: nämlich dass in jedem von uns ein "Stück" des Schöpfers wohnt, und da jeder Wassertropfen des Ozeans dieselben Eigenschaften besitzt wie der Ozean selbst, ist auch jeder von uns ein Gott oder eine Göttin.

Diese radikale Abkehr von der üblichen westlichen Theologie durchdringt fast das gesamte Denken der New Age - Bewegung, denn trotz menschlicher Unzulänglichkeit bei der Verbreitung dieser Informationen, bleibt die Wahrheit intakt. Die Lehre vom "ICH BIN" ist ein Geschenk Gottes und der Bruderschaft, das der Menschheit dabei helfen soll, die Versuchungen und Leiden dieser Übergangszeit zu überwinden. Es ist kein Zufall, dass sie am stärksten in der Zeit zwischen den beiden Weltkriegen zutage trat.

Viele Meister der Großen Bruderschaft des Lichts,

die diese Schlacht überblicken, "haben sich durch die Windungen der irdischen Schule heraufgearbeitet". Ihr Beispiel dient dazu, einen Hauptpunkt im evolutionären System zu veranschaulichen - der darin besteht, dass jede einzelne Seele die Beschleunigung ihrer eigenen Entwicklung beschließen kann. Die individuelle Seele muss sich nicht der langsamen Evolutionsgeschwindigkeit der breiten Masse von Menschen anpassen. Diese Eingeweihten oder Erleuchteten, die unter uns leben, sind Seelen, die sich aus dem Rest der Menschheit ausgeklinkt haben und beschlossen haben, den Weg der Evolution in rascherem Tempo zu beschreiten. Wie ist das möglich?

Von diesen milliardenfach zur Erde gesandten Seelen gleicht keine der anderen, und somit gleicht kein Mensch dem anderen. Selbst eineiige Zwillinge besitzen zwei unterschiedliche Seelen, die für die Unterschiede in ihrer Persönlichkeit verantwortlich sind. Einige Seelen entwickeln sich schneller als andere. Einige werden mehr Inkarnationen erlebt haben als andere und mehr Zeit auf der Erde verbracht haben.

Diese offensichtlichen Unterschiede erklären, warum einige spirituell weiter entwickelt sind als andere, aber das liegt in der Natur der freien Willensentscheidung in der Erdenzone, die es der Seele erlaubt, ihre eigenen Entscheidungen bezüglich ihrer Entwicklung wieder hin zum Schöpfer zu treffen. Mit anderen Worten, einige Seelen entscheiden sich für einen raschen Rückweg, während sich andere mehr Zeit lassen.

Einige Seelen verfallen so sehr den materiellen

irdischen Freuden und Leiden, dass sich beschließen, den Pfad der Evolution nicht zu beschreiten. Da die Dunklen Mächte die Massenmedien übernommen haben und ihre kurzfristige Sicht des Lebens propagieren, haben sie viele unschuldige und schwache Seelen auf ihre Seite ziehen können. Diese werden zu willfährigen Opfern und Instrumenten der Dunklen Mächte vor allem in Form von Drückebergern, Sündenböcken und Kleinkriminellen, deren Aktivitäten dazu dienen, "Dampf abzulassen" und die Aufmerksamkeit der Öffentlichkeit abzulenken, während weitaus schändlichere Verbrechen gegen die Menschlichkeit begangen werden. Dies ist selbstverständlich eine vorübergehende Phase, da alle irgendwann dem Pfad folgen müssen, selbst wenn es Jahrtausende dauern sollte.

Jene, die bewusst die Entscheidung treffen, auf der Seite des Lichts zu stehen, müssen die göttliche Gegenwart in sich erkennen, das "ICH BIN", oder die Seele, die ihnen innewohnt. Ihr Schutz ist in diesen Zeiten des Aufruhrs von Anfang an gewährleistet, und das Gleichgewicht zwischen weiblichen und männlichen Aspekten der Seele wiederhergestellt.

Sobald sie erkennen, dass die energetisch vollkommen ausbalancierte Präsenz des "ICH BIN" oder der Seele der Energiestrahl ist, der sie direkt mit Gott, dem Schöpfer, verbindet, lernen sie, ihn anzurufen, wie etwas, das man anbeten und anerkennen muss und wofür man dankbar ist. Sie erkennen, dass diese magische Gegenwart der Seele im vollkommenen Gleichgewicht das Geschenk der Geschenke ist, das Gottes-Selbst des Individuums. Das ist das Selbst, zu dem man sich immerzu und täglich hinwenden muss, um der großen Präsenz des "ICH BIN" alle Dankbarkeit Teil werden zu lassen. Beim Meditieren können wir das "ICH BIN" bitten, unsere Welt mit all seiner Vollkommenheit zu überfluten, und während wir das tun, setzen wir systematisch die Kraft des Lichts frei, die menschliche Torheit, Blindheit und Dummheit hinwegfegt und alle Übel, die unser Leben begleiten. Dieses simple Erkennen ist der David, der die Schleuder gegen Goliath erhebt in der Schlacht vom Armageddon, die vor uns liegt.

Die letzte Phase dieses Kreislaufs

Da sich alles im Kosmos in Zyklen bewegt, nähern wir uns heutzutage dem Punkt des großen Kreislaufs, an dem unsere Rückreise zur Quelle begonnen hat, wie oben erwähnt, dem Einatmen des Brahma. Diese Rückreise beinhaltet, unter vielem anderem, die Wiedererlangung des Gleichgewichts zwischen weiblichen und männlichen Energien, das die Lemurianer kennzeichnete. In den kommenden Jahren wird der Menschheit diese Reintegration gelingen, und sie wird so ein Goldenes Zeitalter des Friedens und Wohlstands erreichen.

Kapitel 2

Die Große Bruderschaft des Lichts

Die Große Bruderschaft des Lichts führt die Entscheidungsschlacht auf Seiten des Lichts an. Anders als die Aufsehen erregenden militaristischen Strategien, die wir auf der Erdebene erleben, wirkt die Bruderschaft durch die Seele jedes Einzelnen von uns. Deshalb muss sich jede Seele auf Erden an einem gewissen Punkt in diesem Zeitabschnitt entscheiden: Willst du auf der Seite des Lichts oder auf der Seite der Dunkelheit stehen?

Die jüngsten Enthüllungen der Bruderschaft

Am Ende des 19.Jahrhunderts gründeten Helena P. Blavatsky und Henry Steel Olcott, beide repräsentative Geister der Großen Bruderschaft, im Jahr 1875 die Theosophische Gesellschaft und enthüllten in ihren Schriften die Existenz dieser Gemeinschaft von hochentwickelten Wesen, die eine tragende Rolle bei der Entwicklung der irdischen Belange spielte. Sie betonten, dass die Bruderschaft keine religiöse Gemeinschaft war und keiner bestimmten Religion anhing.

Ihr Einfluss durchdringt vielmehr jede Religion, jeden angebeteten Gott oder Göttin, jedes wichtige historische Ereignis, jeden künstlerischen Trend, jede politische oder soziale Bewegung. Große Erleuchtete wie der Meister Jesus, Meister Gautama Buddha, der Prophet Mohammed und Meister Konfuzius waren alle Inkarnationen von hochentwickelten Wesen der Bruderschaft.

In der Frühzeit der Theosophischen Bewegung nahmen die Meister der Bruderschaft oft körperliche Gestalt an und kommunizierten direkt persönlich oder brieflich mit Mitgliedern der Theosophischen Gesellschaft. Das war für die Völker Indiens und des Fernen Ostens einschließlich Chinas und Japans nichts Neues, verehrten und vergötterten sie doch seit Jahrhunderten zahlreiche Meister der Bruderschaft, die unter ihnen wandelten.

Die Enthüllung der Existenz und des Einflusses der Bruderschaft verursachte Aufruhr in intellektuellen Kreisen des Westens. Viktorianische Intellektuelle verlangten solide wissenschaftliche Beweise für ihre Existenz. Doch selbst als die berühmten Mahatma Briefe, Sendschreiben der Weisheit von den Meistern persönlich, unverzüglich einigen Leuten ausgehändigt wurden, wurden sie als Fälschungen gebrandmarkt. Die Christen verurteilten die Theosophie als Ketzerei, die Lehren der Meister als heidnische Philosophie oder ausgesprochene Blasphemie. Selbst die Spiritisten, die regelmäßig mit den "Toten" kommunizierten, betrachteten die Interventionen der Meister als Phänomen am Rande der Geisteskrankheit.

Dennoch setzte die Theosophische Bewegung unter der Leitung der Meister Kuthumi und El Morya ihren Weg fort. Ihr Mitbegründer Col. Henry

Steel Olcott beschrieb die Große Bruderschaft des Lichts folgendermaßen:

> ...(E)s gibt und gab immer nur eine einzige altruistische Vereinigung oder Bruderschaft von diesen Älteren Brüdern der Menschheit, die ganze Welt über, aber diese war aufgeteilt in Sektionen, gemäß den Bedürfnissen der menschlichen Rasse in den jeweiligen Stadien der Evolution. In einem bestimmten Zeitalter wird das Zentrum dieser für die Welt hilfreichen Kraft an einem bestimmten Ort sein, dann wieder an einem anderen. Unsichtbar und im Verborgenen als belebende spirituelle Strömungen des Akash und dennoch unerlässlich für das spirituelle Wohlbefinden der Menschheit, wird ihre vereinigte göttliche Energie durch alle Zeitalter hindurch aufrechterhalten und belebt für immer den Wanderer auf Erden, der sich auf die göttliche Wirklichkeit zu bewegt. Der Skeptiker leugnet die Existenz dieser Adepten, weil er sie nicht gesehen oder mit ihnen gesprochen hat und auch die Geschichte ihres Einflusses auf nationale Ereignisse nicht gelesen hat. Aber ihre Existenz wurde von Tausenden von selbst erleuchteteten Mystikern und Philantropen nachfolgender Generationen bestätigt, deren geläuterte Seelen sich aus dem Sumpf des Physischen herausgezogen und in das Strahlen des spirituellen Bewusstseins erhoben haben; in vielen Epochen nahmen sie zu den Personen, die gläubig ergeben sind oder zum Altruismus neigen, persönliche Beziehungen auf, mit dem Ziel, die Bruderschaft zum Wohle der Menschheit zur Entfaltung zu bringen.
> (Olcott, Henry Steel. *Old Diary Leaves*, volume 1)

Der taktische Rückzug der Bruderschaft

Aber woher kommt es, dass die Bruderschaft heutzutage für die breite Mehrheit der Menschheit unsichtbar und unbekannt bleibt?

Mit dem Ausbruch der Weltkriege 1914 bis 1945, denen weitere fünfzig Jahre des Wahnsinns folgten, zog sich die Bruderschaft in den Hintergrund zurück, um den richtigen Moment für ihr Wiedererscheinen abzuwarten. Ihr Einfluss setzte sich durch das eine oder andere Medium fort, sowie durch die telepathische Kommunikation mit vielen nichtsahnenden Individuen. Die Bruderschaft fuhr damit fort, Teile der Alten Weisheit zu enthüllen, die der durch die großen Kriege erzeugten Negativität entgegentreten sollte. Dies geschah durch die Arbeiten von Alice Bailey und Meister Djwal Khul, die ICH BIN - Bewegung und verschiedene andere Anstrengungen, von denen die meisten nur wenig Einfluss auf die Menschheit hatten, da die Welt in eine Nachkriegsraserei von Materialismus verfiel.

So wie christliche Mystiker in den kirchlich dominierten Jahrhunderten, die der Mission des Meisters Jesus auf der Erde folgten, im Geheimen ihre Kontakte mit der Bruderschaft aufrechterhielten, fuhren mystische Schulen und esoterische Gruppierungen in der Nachkriegszeit damit fort, Wissen über die Bruderschaft zu lehren und zu verbreiten, dieses Mal mussten sie sich mit den wiederkehrenden Wellen des Materialismus messen. Viele dieser Organisationen fielen internen Zwistigkeiten und Problemen zum Opfer.

Aber trotz dieses kurzen taktischen Rückzugs

blieb die Bruderschaft weiterhin eine Tatsache des Lebens und übte ihren Einfluss auf das Weltgeschehen im Hintergrund aus, vor allem durch das einzelne Medium sowie durch andere Vermittler.

Hierarchie als Tatsache des Lebens und Kosmische Realität

Das kosmische Gesetz organisiert einen riesigen Pool von unterschiedlichen seelischen Entwicklungsstadien innerhalb einer großen kosmischen hierarchischen Struktur, die vom unendlichen Schöpfer bis hinab zum kleinsten Atom reicht. Diese Ordnung spiegelt sich in unserer eigenen menschlichen Gesellschaft wider. Jede Gruppierung oder Organisation ist auf hierarchische Art und Weise gegliedert. Jeder hat jemanden über sich und jemanden unter sich. Selbst in der kleinsten Gruppe gibt es einen Führer. Es ist bemerkenswert, dass selbst Fürsprecher menschlicher Gleichheit, d.h. Demokratie, Sozialismus und Kommunismus, schließlich alle einige der striktesten Hierarchien in der Geschichte bildeten.

Eine wahre spirituelle hierarchische Struktur kennt keine Dominanz - sie ist von Natur aus eine Hierarchie der Liebe, eine, die eine Aufwärtsbewegung fördert. Jede Seele nimmt ein bestimmtes Niveau der Hierarchie gemäß dem Niveau ihrer spirituellen Evolution ein. Jene auf den höheren Stufen leiten an und helfen denjenigen auf den niedereren Rängen, damit sie aufsteigen können. Indem die Seele spirituell wächst, steigt sie auf der Leiter der Evolution auf.

Das Kosmische Gesetz der Hierarchie ist eine Tatsache des Lebens, eine kosmische Realität im Universum. Die Hauptaufgabe der Hierarchie besteht darin, die göttliche Ordnung und Weisheit zu bewahren und beschützen. Das Individuum findet Trost darin, dass stets jemand über ihm steht, dessen größeres Wissen ihm helfen und es schützen kann und jemand unter ihm, den es wiederum seinerseits belehren und beschützen kann.

Auf unserer Erdenebene verwandelt sich die Hierarchie in einen natürlichen Zustand, in der es stets einen Führer, einen Herrscher oder jemand in einer übergeordneten Stellung gibt. Auch in den niedereren Reichen - dem Mineralien-, Pflanzen- und Tierreich - herrscht gleichermaßen eine gewisse Hierarchie. Und innerhalb jeden Reichs gibt es auch eine komplexe Hierarchie von untergeordneten Reichen. Im menschlichen Reich spiegelt sich die universelle hierarchische Struktur in jeder Familie, Gesellschaft, Institution und Regierungsform wider.

Jedes Individuum, das beansprucht eine unabhängige Einheit außerhalb einer Hierarchie zu sein, belügt sich selbst, denn es handelt sich im allgemeinen um jemanden, der innerhalb einer Hierarchie einer Herrschaft unterworfen wurde, die er fürchtet und gegen die er rebelliert. Und genau jenen wird unglücklicherweise am Ende oft von allen anderen gesagt, was sie zu tun haben.

Die innere Struktur der Weltordnung

Die Welt ist heutzutage aufgeteilt in Nationalstaaten, von denen jeder einzelne eine hierarchische Regierungsstruktur besitzt. Auf internationaler Ebene besteht ein Netzwerk von internationalen Organisationen wie die Vereinten Nationen und regionalen Organisationen, die sich aus Mitgliedern der Nationalstaaten zusammensetzen. Über dieser irdischen politischen Struktur existiert eine andere Hierarchie, die die ganze Erde umfasst, eine göttliche Befehlskette oder Führungsstruktur. Dies ist die Innere Führung oder Machtstruktur der Großen Bruderschaft des Lichts, die auf der Äther - Ebene von Shamballa aus arbeitet, im nördlichen Himalaya in Zentralasien. Von dort aus stehen sie ständig mit ihren Brüdern und Schwestern in aller Welt in telepathischer Verbindung. Von Zeit zu Zeit nehmen sie körperliche Gestalt an und mischen sich unter die Menschen.

Diese innere spirituelle Führung kümmert sich um die Umsetzung des Großen Göttlichen Plans, der vor Millionen von Jahren für die Erde entworfen wurde. Jede der Milliarden von Seelen auf der Erde ist Teil dieses Plans, und jeder wird so geleitet, dass er oder sie seine bzw. ihre besondere Aufgabe und Rolle erfüllen kann.

Ein Rat, der sich aus drei Ämtern (Offices) zusammensetzt, dem Weltenlehrer, sowie der Exekutive und dem Dienst zur Ermöglichung des Göttlichen Willens (Facilitator)-steht gegenwärtig an der Spitze der inneren Führungsstruktur. Lord Kuthumi steht zur Zeit an der Spitze der Weltenlehrer und wird die kosmischen Prinzipien festlegen, die im Neuen Goldenen Zeitalter herrschen werden. Er arbeitet zusammen mit den Meistern Jesus, Babaji, Emil, Zoser, Lady Rasha und vielen anderen, die die enorme Aufgabe übernommen haben, der gesamten Menschheit diese Prinzipien zu lehren.

Die Exekutive liegt in den Händen des Meisters Sanctus Germanus, der unzählige Aktivitäten koordiniert, um die Erde auf die Rückkehr des Weltenlehrers vorzubereiten. Er führt zusammen mit Meisterin Lady Nada und Meisterin Lady Quan Yin die Schlacht der Mächte des Lichts gegen die der Dunkelheit im Armageddon an. Dieser Dienst verlangt eine umfassende Koordination der verschiedenen Meister und ihrer jeweiligen Gruppen, Eingeweihten und Aktivitäten, die alle daran arbeiten, ihre jeweiligen Aufgaben gemäß dem Göttlichen Plan zu erfüllen.

Das dritte Amt des Triumvirats ist schließlich das des Facilitators, das vom Meister El Morya übernommen wurde. Er repräsentiert den Göttlichen Willen, den Antrieb und die Macht, die taktischen Verfahrensweisen und Bildungsprogramme der beiden anderen Dienste, des Weltenlehrers und der Exekutive, durchzusetzen. Da er den Göttlichen Willen repräsentiert, findet Meister Morya auch den effektivsten Weg; den Weg des geringsten Widerstands zwischen A und B, sowie die Macht, eine Taktik so einzuführen und durchzusetzen, dass sie am wirkungsvollsten und Energie sparendsten ist.

Die Aufgestiegenen Meister

Mit den drei obersten Meistern arbeitet ein Heer von 155 000 Aufgestiegenen Meistern zusammen. Diese vervollkommneten Wesen haben sich bewusst dazu entschieden, innerhalb der Erdatmosphäre zu bleiben, um dem Rest der Menschheit bei der

Evolution zu helfen, anstatt auf einen höher entwickelten Planeten weiterzuwandern. Sie brauchen nicht mehr den dichten physischen Körper zu tragen, den wir besitzen, sondern existieren in leichteren, ätherischeren Formen von Materie, die wir Geist nennen. Sie können sich jedoch vorübergehend soweit materialisieren, dass der gewöhnliche Sterbliche sie erkennen kann. Sie können an mehreren Orten gleichzeitig sein, und ihre außergewöhnliche Intelligenz und Wahrnehmungsfähigkeit ermöglichen es ihnen, unsere Gedanken zu lesen und auf der Stelle darauf zu antworten. Durch ihren Grad an Vollkommenheit repräsentieren sie die zukünftige menschliche Rasse und geben damit die Entwicklungsrichtung vor, die die Menschheit einschlagen sollte.

Die Meister der Bruderschaft gehen dorthin, wo sie gebraucht werden. Es gibt regionale Hauptquartiere der Bruderschaft auf allen Kontinenten, die alle auf der ätherischen Ebene, jenseits der beschränkten fünf Sinne der Normalsterblichen, existieren.

Die Aufgestiegenen Meister haben üblicherweise auf verschiedene Art und Weise mit der irdischen Ebene kommuniziert. Eine davon ist die Telepathie - Gedankenübertragung vom Geist zum menschlichen Gehirn. Ihre Botschaften der Wahrheit berühren unser Höheres Selbst oder die individuelle Seele und werden dann ins Unterbewusstsein hinabgesenkt, wo sie gefiltert werden, dann gelangen sie ins Bewusstsein und schließlich zum Gehirn. Diese Übertragung findet meist statt, während wir uns im Schlafzustand befinden und der physische Körper der Aufnahme telepathischer Botschaften nicht zuviel Widerstand entgegensetzt. Während des Wachzustands empfangen die Gutherzigen mit lauteren Motiven unter uns diese Gedanken hellseherisch, oft ohne zu wissen, woher sie kommen.

Die Natur und das Ausmaß der Aktivitäten der Inneren Führung reichen bis in alle Lebensbereiche auf der Erde. Einige Hellseher sind sich ihrer Einflussnahme bewusst, aber die große Mehrheit der Menschheit weiß nichts von diesem Einfluss. So trägt zum Beispiel Meister Djwal Khul zur Verbindung des Weltenlehrers mit seinen Eingeweihten und Anhängern auf der Erde bei. Der Meister JMH unterstützt die Exekutive auf den Gebieten internationale Politik, Wirtschaft, Finanzen und Geheimdienste, und Meisterin Lady Nada hilft dabei, die Tätigkeit der Lichtarbeiter auf der irdischen Ebene zu überwachen und anzuleiten. Jeder Meister leitet seinen bzw. ihren Aschram an, in dem Tausende von Mitwirkenden in verschiedenen Komitees schließlich den Übergang ins Wassermannzeitalter gemäß dem Göttlichen Plan bewerkstelligen werden.

Unter Meister Kuthumi gibt es ein Kommittee, das aus ehemaligen Priestern der großen Weltreligionen besteht, die sämtliche Schriften neu herausgeben (Bibel, Koran, Kabbala, Gita Bhaghvad usw.), so dass sie den Bedürfnissen des kommenden Goldenen Zeitalters entsprechen. Ein anderes Kommittee unter der Leitung des Meisters JMH beobachtet die finanziellen Transaktionen der Finanziers, die hinter den Dunklen Mächten stehen. Einige Meisterinnen der Bruderschaft bereiten Männer und Frauen für ihre besondere Rolle als Friedensstifter vor, während der Weibliche Energiestrahl auf die Ereignisse von Armageddon herabkommen wird. Andere wiederum arbeiten unter den Kreativen in der Welt der darstellenden Kunst, Religion, Kultur, Literatur, Wissenschaft und ihrer Institutionen, alle mit dem Ziel das Niveau des menschliche Denkens und der Kultur zu heben.

Die Tätigkeit der Aufgestiegenen Meister ist in ständiger Bewegung und, wie die vorhergehenden Beispiele zeigen, auf höchst komplexe Art und Weise mit einander koordiniert und verflochten. Doch was leitet all diese Aktivitäten an?

Führung durch den Göttlichen Plan

Der Göttliche Plan für die Erde existiert seit undenklichen Zeiten und bleibt für den beschränkten menschlichen Geist unergründlich. Von Zeit zu Zeit erscheinen jedoch Avatare und Boten auf Erden, um Stück für Stück den Plan zu enthüllen. Beim gegenwärtigen Stand des Plans ist das Triumvirat mit vollem Elan dabei, die Menschheit auf das schließliche Erscheinen des Weltenlehrers vorzubereiten. Traditionelle Religionen haben oft vom zweiten Kommen ihrer führenden Lehrer gesprochen. Aber dieses Mal wird es sich um einen Lehrer handeln, der eine ganze Reihe von Lehren vertritt, die sich an die verschiedenen Entwicklungsstadien der Menschheit wenden und der zeigen wird, wieviel auf Erden erreicht werden kann, sobald das Gleichgewicht zwischen weiblicher und männlicher Energie hergestellt ist.

Doch ehe die Menschheit diese Lehren empfangen kann, muss die Erde einen gewaltigen Hausputz vornehmen, denn ohne diese Säuberung werden die Lehren des Weltenlehrers ungehört bleiben oder erneut wie in der Vergangenheit in den Morast religiöser Konflikte geraten. Das ist der Grund für das sogenannte Armageddon, das die Erde reinigen und alle Elemente des Bösen von ihr vertreiben wird, quer durch die ganze Hierarchie, vom Geringsten bis zum Höchsten und umgekehrt. Erst nach dieser großen Reinigung wird die Menschheit bereit sein für die revolutionären Lehren des Weltenlehrers.

Das In-Erscheinungtreten (Externalisierung) der Spirituellen Hierarchie

Heutzutage, wo die weiblichen Energien dabei sind, wieder integriert zu werden, geben sich die Aufgestiegenen Meister der Bruderschaft, darunter auch viele Meisterinnen der Bruderschaft, der Menschheit immer öfter telepathisch und physisch zu erkennen. Dies ist ein Teil des Prozesses der in esoterischen Kreisen als Externalisierung der Spirituellen Hierarchie (eine andere Bezeichnung für die Bruderschaft) bekannt ist.

Um ihr Werk auf der physischen Ebene der Erde zu verankern, braucht die Bruderschaft leibhaftige Personen, die ruhig und unauffällig unter den Menschen wandeln. Dies ist die andere Seite des Externalisierungsprozesses, der Tausende von fortgeschrittenen Seelen involviert, die sich überall auf der Welt als Eingeweihte der Bruderschaft, als Adepten und Schüler inkarniert haben. Sie leben unter den Menschen auf allen gesellschaftlichen Stufen. Sie besetzen in aller Welt Positionen in Regierungen, Verbänden, Bildungsinstitutionen, wissenschaftlichen Organisationen, Banken, Wohlfahrtsverbänden, religiösen Organisationen und dergleichen mehr. Viele haben auf ihrem jeweiligen Gebiet und in ihrer jeweiligen Funktion durch große Autorität und das entsprechende Know-how volles Wissen erreicht.

Diese externalisierte Menge von Seelen, diese Ausdehnung der Bruderschaft auf der irdischen Ebene ist bekannt als New Group of World Servers oder kurz als Lichtarbeiter. Sie repräsentieren fortgeschrittene Eingeweihte und Schüler, die "Truppen", die auf der Erde platziert wurden, um die Dunklen Mächte in der Schlacht von Armageddon unter der Gesamtleitung von Meister St. Germain, den Aufgestiegenen Meistern und ihren jeweiligen Aschram-Mitgliedern der Bruderschaft zu bekämpfen. Sie können per Telepathie mit ihren Meistern kommunizieren. Sie können ferner als Medium dienen, durch das ein Meister sich an eine versammelte Gruppe wenden kann.

Als Teil des Externalisierungsprozesses werden sich die Aufgestiegenen Meister vorübergehend materialisieren, um einer bestimmten Person wichtige Mitteilungen zu machen und sich sodann wieder entmaterialisieren. Sie können sich sogar als Adepten materialisieren, um eine Gruppe von Schülern über einen bestimmten Zeitraum hindurch zu unterrichten und danach verschwinden. Oder sie sprechen zu jemandem im Traum und hinterlassen bestimmte Ideen in seinem Bewusstsein. Sobald jedoch die Schlacht von Armageddon ihren Höhepunkt erreicht, werden die Aufgestiegenen Meister der Menschheit immer deutlicher erscheinen, aus Gründen, die wir im nächsten Kapitel behandeln wollen.

Gemäß dem Kosmischen Gesetz des Freien Willens können die Meister ihren Eingeweihten und Schülern auf Erden nur Ideen vorschlagen oder durch Ideen beeindrucken. Sie können sie nicht aufzwingen. So hat der Empfänger die Freiheit, sie zurückzuweisen, sie zu verändern oder ihnen zu folgen. Einige der inkarnierten Eingeweihten und Schüler können so von der *Maya* oder Illusion auf der irdischen Ebene eingenommen sein, dass sie sich dafür entscheiden, den Vorschlägen der Aufgestiegenen Meister nicht zuzuhören und sie nicht zu befolgen und werden somit bei ihrer Mission versagen. Diese Situation ist eine Quelle ständiger Frustration für die Aufgestiegenen Meister.

Einige Aufgestiegene Meister, die sich regelmäßig unter uns materialisieren, sind in der okkulten Welt bereits bekannt. Der Meister Sanctus Germanus nimmt normalerweise die Gestalt seiner berühmtesten Inkarnation an, die des Grafen von St.Germain, obwohl ihn das nicht davon abhält, sich gegebenenfalls als jede andere Person zu verkleiden. Der Meister JMH ist dafür bekannt, dass er wichtige Sitzungen der Finanzminister der Welt oder von Handels- und Wirtschaftsorganisationen "sprengt" und auch die noch schlimmereren Treffen der Sieben Schwestern, der sieben größten Rohölproduzenten und -lieferanten. Wie die anderen Meister wird er jedwede Verkleidung wählen, die ihm dabei hilft, die gestellte Aufgabe zu erfüllen.

Andere Meister der Bruderschaft bevorzugen es, ihren Rat telepathisch zu erteilen und übertragen ihre Gedanken und Ideen zu den hellseherischen Geistern, die willens sind und entwickelt genug, um sie zu akzeptieren. Andere beliefern unermüdlich Staatsmänner, Künstler, Wissenschaftler, Schriftsteller, Kleriker und andere Individuen mit offenem Geist mit ihren progressiven und innovativen Einfällen, oft ohne deren Wissen. Dieser ständige Fluss von Enthüllungen erklärt wissenschaftliche Durchbrüche, überragende künstlerische Leistungen und die Wende zum Besseren bei internationalen Ereignissen, wie wir sie bisweilen auf Erden erleben.

Eine andere Methode der Externalisierung besteht im Prozess von "walk-ins", Schüler von Meistern, die als Geistwesen emsig am Göttlichen Plan arbeiten, sind dafür bekannt, dass sie die Körper derjenigen übernehmen, die bereits inkarniert sind. Oft wird im Vorfeld vereinbart, dass sich eine Seele inkarniert und den physischen Körper bis zu einem bestimmten Entwicklungsstadium übernimmt. Zum verabredeten Zeitpunkt wird eine neue und höher entwickelte Seele eintreten ("walk in") und den Körper übernehmen, während die ursprüngliche Seele weiterlebt. Der neue Besitzer des Körpers wird alle Erinnerungen und Eigenschaften des Körpers behalten, aber häufig bemerken Freunde dennoch subtile Veränderungen.

Die Innere Führung der Spirituellen Hierarchie läßt ihren Einfluss sogar unterhalb der menschlichen Ebene zum Tragen kommen. Indem sie mit *Devas* oder engelsgleichen Geschöpfen arbeiten, beeinflussen sie die niedereren Reiche der Tiere, Pflanzen und Mineralien. Die physikalischen Phänomene und Apporte, die von großen okkulten Erleuchteten wie Helena P.Blavatsky, dem geheimnisvollen Adepten JMH und bestimmten trans-physischen Medien heutzutage vollbracht werden, zeugen von der gütigen Kontrolle der Bruderschaft über diese Reiche.

Einige mögen nun fragen, "warum übernehmen die Meister nicht einfach die ganze Welt und bringen sie ein für allemal ins Lot?" Die Antwort darauf ist ganz einfach. Die Meister müssen am kosmischen Gesetz des Freien Willens festhalten, das in diesem Bereich des Universums zur Anwendung kommt. Und im Übrigen, wenn die Meister alles selbst erledigten, wie sollten die Schüler dann lernen?

Kapitel 3
Die Dunklen Mächte von heute

" An ihren Taten werdet ihr sie erkennen."

Terroristische Angriffe und lokale Konflikte überall auf der Welt einschließlich des fortdauernden israelisch-arabischen Krieges, die Spannungen zwischen Indien und Pakistan, der tamilisch-singhalesische Guerillakrieg auf Sri Lanka, der Krieg in Afghanistan gegen die sogenannten Al Quaida - Terroristen, der andauernde Krieg im Irak, die muslimischen Aufstände auf den Philippinen, die Spannungen zwischen China und Taiwan in der Straße von Tawain und die große Anzahl von weiteren ethnischen Kriegen und Völkermorden auf dem Balkan sowie in Zentralafrika dienen alle dazu, die Welt in einem Zustand von permanenter Spaltung und permanentem Konflikt zu halten. Sobald ein Konfliktherd eingedämmt ist, flackert an anderer Stelle ein neuer auf, in einem nichtendenwollenden Krieg.

Der Luftangriff auf das New Yorker World Trade Center am 11.September schockierte die Welt genauso, wie es gedacht war. Aber die wahre Geschichte dieses Angriffs und anderer Konflikte in der heutigen Welt stimmt so nicht, wie sie von den herkömmlichen Medien verbreitet wird. Im

Wesentlichen ist das, was sich auf der Erde manifestiert, die Widerspiegelung der Schlacht, die auf der astralen Ebene zwischen der Großen Bruderschaft des Lichts und den Dunklen Mächten, die die Erde bewohnen, ausgetragen wird. Der mächtige Speer wurde bereits durch das Herz des großen Drachens des Bösen gestoßen und somit das Ende der Dunklen Mächte auf Erden eingeläutet. Während der Drache zu Boden geht, schlägt sein Schwanz im Todeskampf aus, und wenn der Schwanz wie eine Peitschenschnur knallt, spüren wir eine neue Welle von Turbulenzen durch die irdische Ebene fegen. Die Dunklen Mächte versuchen verzweifelt einen letzten Zugriff auf die irdische Ebene, um all die Macht zu erringen, die sie brauchen, um die Masse der Menschheit zu unterdrücken und sich selbst an die Spitze der Welt zu stellen...so glauben sie wenigstens. Die Mächte des Lichts, bewaffnet mit den hereinströmenden weiblichen Energien, haben jedoch den Ausgang dieser Schlacht von Armageddon bereits vorherbestimmt, bei der die Dunklen Mächte dem Untergang geweiht sind.

Im Großteil der esoterischen Literatur werden die Dunklen Mächte meist sehr zurückhaltend behandelt, denn es war der Bruderschaft im innersten Herzen stets klar, dass diese Unwissenden, die ebenfalls Geschöpfe Gottes sind, eines Tages den Pfad des Lichts einschlagen würden. Einige wurden tatsächlich bekehrt, aber die große Mehrheit, die dem dunklen Pfad folgt, der Zerstörung über die Erde bringt, jedoch noch nicht.

In diesem Kapitel wollen wir unsere Beobachtungen über das operative Wirken der Dunklen Mächte heutzutage offenlegen, denn je besser die Menschheit darüber informiert ist, desto besser wird sie dem schattenhaften Wirken der Dunklen Mächte widerstehen. Der geistige Widerstand der Menschheit wird mit unermesslicher Kraft den unvermeidlichen Niedergang der Dunklen Mächte beschleunigen.

Zunächst müssen wir daran erinnern, dass die esoterischen Fakten, die in diesen Kapiteln dargelegt werden, als geistige Nahrung gedacht sind. Einige von euch mögen von unseren Behauptungen schockiert oder entrüstet sein, aber gleichgültig welche Reaktion unsere Worte bei den Menschen hervorrufen, es ist lediglich unsere Absicht zu informieren und zu lehren in der Hoffnung, dass all diese Dinge rechtzeitig verstanden werden. Es geht uns nicht darum zu verharmlosen, weder darum zu schmeicheln, noch Angst zu machen. Wir sind auch nicht hier, um irgendeine Art von schützendem Segen gegen eine böse Kraft zu spenden, denn in Wirklichkeit, um es gleich zu sagen, glauben wir gar nicht an das Böse. Was man am ehesten als böse bezeichnen könnte, ist *Unwissenheit.* Denn nur wenn die Seele zutiefst unwissend ist, neigt sie dazu, Dinge zu tun, die man im allgemeinen böse nennt.

Warum sich die Dunklen Brüder auf der Erde inkarnieren

Im vorhergehenden Kapitel haben wir erwähnt, dass die Dunklen Mächte aus Aussteigern höher entwickelter Evolutionsstufen bestehen. Man kann sich nun fragen, warum es ihnen gestattet ist, sich auf der Erde zu inkarnieren und ihre heimtückischen Taten zu vollbringen. Die Erde liegt in der Zone des freien Willens im Universum, und jedwede Seele kann sich dazu entschließen, sich auf der Erde zu inkarnieren. Auf unserer besonderen Entwicklungsstufe lernt man durch Versuch und Irrtum. Das ist im irdischen Bildungsprogramm, wenn man so sagen kann, genau so vorgesehen. Wir nehmen alle als Individuen Gestalt an, lernen als Individuen und in der Masse als Teil unserer Gesellschaft und unserer Kultur. Wir müssen zwischen dem Höheren und dem Niederen wählen, zwischen Gut und Böse, Richtig und Falsch. Nur auf diese Art und Weise werden wir tatsächlich die Wahrheit finden. Die Präsenz der Dunklen Mächte auf der Erde schafft eine Polarität, so dass alle Inkarnierten ihre Wahl zwischen dem Guten und dem Bösen treffen können.

Wenn einem eine Wahlmöglichkeit vorenthalten oder etwas verboten wird, ist *nichts* dadurch gewonnen. Wo zum Beispiel Alkohol verboten ist, findet man tendenziell mehr Alkoholiker. Wo er erlaubt ist, findet man tendenziell weniger Missbrauch. Das ist ganz einfach die menschliche Natur.

So besitzen in dieser planetarischen Schule diejenigen, die sich als dunkle Brüder inkarnieren ebenfalls einen freien Willen und das Privileg, sich immer wieder erneut zwischen Richtig und Falsch zu entscheiden. Niemand ist zu diesem Zustand für immer verdammt, denn im Licht von Gottes Liebe haben die dunklen Brüder stets das Recht, den Pfad der Rechtschaffenheit zu betreten. Es mag Äonen von Jahren dauern, aber irgendwann werden auch diese Seelen den rechten Weg finden. Viele der hell strahlenden spirituellen Lichter von heute waren einst Teil dieser Dunklen Mächte und haben seither den Pfad des Lichts gewählt. Einige der heute als Medium Wirkende haben ebenfalls ein oder zwei frühere Leben als schwarze Magier geführt.

So sind die Dunklen Mächte trotz ihrer heimtückischen Taten, die das Leben auf der Erde zu einer Zerreissprobe machen, immer noch Geschöpfe Gottes, wenngleich solche, die den Pfad der Unwissenheit gewählt haben.

Atlantische Charakteristika der Dunklen Mächte

Die Dunklen Mächte auf der Erde heute sind gefallene Seelen anderer Entwicklungsstufen, die die Zivilisation von Atlantis vor Jahrhunderten überfallen haben. Sie haben im Schutz dunkler Ecken auf der astralen Ebene darauf gewartet, dass die Erde dasselbe Zivilisationsniveau erreicht wie Atlantis zur Zeit seiner Zerstörung. Auch wenn einige dieser Gefallenen in der Zwischenzeit den Weg des Lichts eingeschlagen haben mögen, haben sich doch viele von ihnen dazu entschlossen, sich auf der Erde zu reinkarnieren, um ihre Aktivitäten in zwei Hauptbereichen fortsetzen zu können: 1) bei der Ansammlung von Kapital, um die Masse der Menschen kontrollieren zu können und 2) bei der Kriegstreiberei als Mittel, um mehr Menschen zu unterdrücken und gleichzeitig finanzielle Gewinne zu machen. Diese beiden atlantischen Methoden werden dazu benutzt, um die spirituelle Entwicklung der Menschheit wieder hin zu ihrem Schöpfer zu vereiteln.

Geht man etwa 24 000 Jahre zurück, so findet man in Atlantis ein bereits ziemlich differenziertes Gemeinwesen und eine hochstehende Kultur, und zwar an einem ebensolchen Scheidepunkt in der Entwicklung wie die Erde heute beim Übergang vom Zeitalter der Fische in das des Wassermanns. Damals hatten die Bewohner von Atlantis sogar einen höheren Kenntnisstand in Wissenschaft und Technik als die Erde heute. Auf der spirituellen Ebene jedoch hätte eine Sondierung des spirituellen Niveaus der Bürgerschaft von Atlantis ergeben, dass die heutigen Seelen beim Erwerb spiritueller Kenntnisse sehr viel weiter fortgeschritten sind als damals diejenigen von Atlantis. Und zwar deshalb weil jeder große spirituell Erleuchtete in der Geschichte der Erde sich im Lauf der Zeit sehr wahrscheinlich reinkarniert hat, um bei den kommenden Ereignissen eine Rolle zu spielen und zu verhindern, dass sich die Zerstörung von Atlantis am Ende wiederholt.

Auf der wissenschaftlich-technischen Ebene hatten die Atlanter die Macht des Schalls entdeckt, den man auf ähnliche Weise wie unsere heutige Laserstrahl-Technologie benutzen konnte. Sie entdeckten, dass man den Schall für militärische Zwecke einsetzen konnte- indem sie Schwallwellen durch irgendein Organ des Körpers schickten, konnten sie es zum Platzen bringen. Viele Wissenschaftler wollten damit experimentieren und diese Technologie weiterentwickeln, damit sie so "getunt" werden konnte, dass sie dem Gegner den größtmöglichen Schaden zufügte.

Darüber brach eine große Kontroverse aus. Obwohl Männer und Frauen in Atlantis die gleiche Stellung hatten, schlug die Auseinandersetzung über dieses Thema eine tiefe Kerbe zwischen die

Geschlechter. Die Frauen, die damals wie heute als Gewissen der Menschheit fungierten, widersprachen den Männern, die diese Forschungen nur zu dem Zweck fortsetzten, herauszufinden, wie weit sie gehen konnten. Am Ende trugen die Männer den Sieg davon.

Inzwischen hatten die Führer des Finanzkapitalmarkts von Atlantis entdeckt, dass sie durch die Anhäufung riesiger Geldsummen und die Verarmung breiter Bevölkerungsschichten, besser in der Lage waren, diese zu kontrollieren und gefügig zu machen. Kurz darauf fanden die Führer der Wissenschaft und die der Finanzwelt heraus, dass sie durch die Kombination von Hightech-Militärtechnologie und enormem Geldvermögen die gesamte Zivilisation beherrschen konnten. Am Ende führte diese Hochzeit zwischen Geld und Kriegstreiberei zum Untergang der Zivilisation von Atlantis.

Viele dieser Seelenhüllen haben auf der Erde in den letzten Jahrhunderten wieder körperliche Gestalt angenommen, wo sie das taten, was sie am besten konnten, nämlich als despotische Könige und Kaiser zu herrschen und dabei Macht und Ressourcen zu monopolisieren, um Kriege zu führen. Man braucht sich nur die Geschichtsbücher anzusehen, um über die Abfolge von Reichen und Kriegen zu lesen. Gegenwärtig hat man sich den modernen demokratischen Regierungssystemen und der dazugehörigen Kommunikationstechnologie angepasst, um wieder in hohem Maße Reichtum und Macht anzuhäufen. Anders als in der Vergangenheit sind ihre Aktivitäten nicht mehr auf bestimmte geographische Regionen beschränkt, sondern erstrecken sich weltweit ohne Rücksicht auf Nationalitäten, Länder oder Rassen und erfüllen somit in der Tat die Prophezeiung des hydraköpfigen Ungeheuers aus dem Buch der Offenbarungen.

Diese Unwissenden bilden gegenwärtig die Dunklen Mächte. Sie haben körperliche Gestalt in allen Rassen und Geschlechtern angenommen und im Einklang mit ihrer Vergangenheit bilden sie eine *Spezies* von Seelen, die sich darauf versteht, riesige Reichtümer anzuhäufen, Kriege aus Profitgier anzuzetteln und die Massen zu kontrollieren, mit dem Ziel deren seelische Weiterentwicklung zu ersticken. Sie waren in der Lage, von diesen drängenden Themen abzulenken, indem sie unter Intellektuellen und Praktikern gleichermaßen alle möglichen spitzfindigen Sophismen verbreiteten - ökonomischen Determinismus, Konservatismus, Liberalismus, Kommunismus, Kapitalismus und dergleichen mehr - um ihre Aktionen zu rechtfertigen oder zu bemänteln. Wenn man jedoch hinter die "ismen" blickt, unter denen sie operieren, sieht man, dass die Wurzel aller Konflikte und Streitigkeiten auf dem Planeten Erde durch den Dualismus von Geldakkumulation und Kriegstreiberei gegeben ist.

Wellen von Inkarnationen aus der Astralebene

Genau auf der gegenüberliegenden Seite des Todes liegt die Astralebene. Hier halten sich eine riesige Zahl von entkörperten Wesen auf, die das Portal des Todes durchschritten haben. Diese Individuen besitzen noch immer das, was wir als materielle Körper bezeichnen, allerdings in einer eher ätherischen Form, einer leichteren Gestalt aus einer Materie, die etwas schneller vibriert als unsere dichten physischen Körper.

Wie im übrigen Universum ist die Astralebene in eine hierarchische Ordnung verschiedener Stufen unterteilt, und die Körperlosen versammeln sich gemäß des Niveaus ihrer jeweiligen spirituellen Entwicklung. Sie leben, arbeiten und lernen weiter mit dem Ziel, spirituelle Fortschritte zu machen, genauso wie sie es in ihrem physischen Körper getan haben, nur dass sie jetzt kein Geld mehr brauchen, da alles, was sie wünschen durch die Kraft der Gedanken entsteht. Hier halten sie immer wieder und wieder Rückschau auf die Fehler, die sie während ihrer vorhergehenden Inkarnation gemacht haben, und mit der Hilfe höherer Wesen entwerfen sie eine Reinkarnation, die die Irrtümer ausgleichen und sie neue Erkenntnisse auf der physischen irdischen Ebene lehren soll.

Wenn sie durch das Tor des Todes gehen werden die Toten nicht auf der Stelle zu Engeln. Ein Körperloser erreicht auf der Astralebene genau dieselbe Stufe spiritueller Entwicklung, die er als ein in einem Körper Inkarnierter hatte. Deshalb gibt es auf der Astralebene sowohl gute als auch böse Körperlose, allerdings mit einem großen Unterschied- sie sind nicht wie auf der Erde vermischt. Diejenigen mit gleicher spiritueller Disposition sind zusammen gruppiert: Die guten und wohltätigen Körperlosen sind zu einer Gruppe vereint, während die Körperlosen der Dunklen Mächte sich in ihrem eigenen Bereich versammeln.

Die Unterschiede zwischen diesen beiden Gruppierungen stellen sich folgendermaßen dar: 1) Die Guten sind noch immer mit ihrem höheren

Selbst bzw. ihrer Seele in Verbindung und arbeiten weiter an ihrem spirituellen Wachstum. Führer und Lehrer der Großen Bruderschaft des Lichts leiten diese Gruppe auf ihrem Weg zu einer höheren spirituellen Entwicklungsstufe weiterhin an. 2) Die unwissenden Körperlosen bzw. diejenigen anderer, oben erwähnter Entwicklungsstadien, haben sich von ihren Seelen gelöst und folgen somit nicht mehr dem Pfad der Evolution. Man könnte sie von daher als *verrückt* bezeichnen, obwohl sie sich jederzeit wieder mit ihren Seelen verbinden und ihre spirituelle Entwicklung fortsetzen können. Die wenigsten tun dies jedoch und kommen deshalb nie über die Astralebene hinaus. Sie siechen dort zusammen vor sich hin, oft von der feindseligen Gesellschaft der anderen genervt und warten auf die nächstbeste Gelegenheit, sich auf der Erde zu inkarnieren.

Schlechte Gesellschaft ist ansteckend. Man stelle sich ein Aufgebot von reuelosen körperlosen Wesen vor, solche wie Hitler, Stalin, Mussolini, Hirohito, Franco, Salazar, Trujillo und Kim Il Song in Gesellschaft kleinerer Diktatoren, Diebe und Verbrecher, wie sie versuchen, die Zeit totzuschlagen und darauf hoffen, sich zu reinkarnieren!

So kommt es dazu, dass, sobald man auf Erden denkt, man habe sich von einem verrückt gewordenen Diktator, einem tyrannischen Monarchen oder einem exekutierten Serienmörder befreit, diese selbe Seele sich reinkarnieren kann oder von einem anderen menschlichen Körper Besitz ergreifen und weiterhin Schaden und Zwietracht auf Erden stiften kann! Sie können die Wahl treffen, sich als Kinder zu reinkarnieren, aber heutzutage mag dieser Prozess zu langwierig erscheinen, warum sollte man sich mit all den Problemen des Erwachsenwerdens herumschlagen! Es ist sehr viel einfacher, ein Individuum ganz und gar in Besitz zu nehmen und sie oder ihn zu versklaven. Nie waren derartige Inbesitznahmen mehr an der Tagesordnung als in diesen wahnsinnigen Zeiten.

Selbst wenn diese Unwissenden von der Gerichtsbarkeit zum Tode verurteilt oder unter anderen Umständen erschossen oder sonstwie getötet wurden, können sie dennoch Unheil und Böses von der Astralebene aus auf die Erde schleudern oder sich sofort wieder inkarnieren. Deshalb ist es dem System der Verbrechensbekämpfung sowohl auf nationaler als auch auf internationaler Ebene nicht gelungen, die Flut des Verbrechens und der Konflikte einzudämmen. Und es scheint von Generation zu Generation schlimmer zu werden.

Telepathische Einflüsse auf die Erde

Wie oben erwähnt, können unwissende, umnachtete Seelen, die unfähig sind, ein passendes Vehikel zur Verkörperung auf Erden zu finden, auch von der Astralebene aus Unheil auf die irdische Ebene projizieren! Unter diesen unwissenden Seelen staut sich eine gewisse Frustration an, denn sie haben niemanden in ihrer üblen Gesellschaft von Körperlosen, den sie peinigen oder zum Opfer machen könnten. Sich selbst zu quälen, wäre ihnen zu öde, denn ihr Wahnsinn treibt sie dazu, soviel Leid und Zwietracht wie irgend möglich zu verbreiten. Stattdessen halten sie Ausschau nach Agierenden oder aufnahmebereiten Individuen auf der irdischen Ebene, die sich telepathisch beeinflussen lassen.

Wer aber wird auf der irdischen Ebene zu ihrer Beute? Zuerst sind das ganz offensichtlich jene Wesen der Dunklen Mächte, denen es gelungen ist, sich irgendwo auf der Welt zu inkarnieren. An zweiter Stelle stehen ungebildete telepathisch Veranlagte, die offen sind für die Schmeicheleien der Körperlosen und die bereit sind, mit allen und jeden "Geistern" zu kommunizieren. Drittens sind das die von Natur aus Intuitiven und Hellseher, die es aufregend finden, mit anderen Dimensionen Verbindung aufzunehmen und dabei leicht das aus diesem Kontakt resultierende Gefahrenpotenzial übersehen. Viertens, charakterschwache Personen mit einem Hang zu bestimmten Obsessionen oder Gewohnheiten wie Drogen und Alkohol und dem damit einhergehenden Kontrollverlust über ihre physischen Fähigkeiten. Fünftens, die Geistesschwachen oder leicht Beeinflussbaren, die von diesen astralen Kräften gezwungen werden, in ihrem und in Gottes Namen schändliche Verbrechen zu begehen. Und sechstens, junge Seelen mit Neigung zur Kriminalität, die leicht dahingehend manipuliert werden können, eine Menge schmutzige Arbeit für die Dunklen Mächte zu erledigen, um unverzüglich zu Reichtum und Macht zu gelangen.

Die Dunklen Mächte auf der irdischen Ebene sind Meister der schwarzen Magie. Auf telepathischem Weg können sie den Individuen, die für sie arbeiten oder zu schwach sind, sich dagegen zu wehren, Nachrichten übermitteln oder sie kontrollieren. Diese schwarzen Magier sind darauf programmiert, dasselbe Vokabular zu benutzen wie Arbeiter für das Gute und viele besetzen Positionen sowohl in kirchlichen als auch in staatlichen Wohlfahrtsorganisationen.

Ebenso wie einige von uns sich der Leitung spiritueller Führer oder Meister der Großen Bruderschaft des Lichts anvertrauen, sind auch die in einen Körper geschlüpften Agenten der Dunklen Mächte darauf programmiert, den Anweisungen ihrer "Kollegen" von der Astralebene zu folgen. Mit ihrem hochemotionalen Charakter reagieren sie auf die von der Astralebene ausgehenden Zwänge wie Automaten und bemerken es oft gar nicht, dass sie gemäß der Pläne der Dunklen Mächte dazu manipuliert werden, sich dem Göttlichen Plan zu widersetzen.

Verwirrung säen

Wie wir gesehen haben, können die Dunklen Mächte telepathisch auf emotionaler Ebene mit Individuen kommunizieren und sie dazu bringen, ihre Befehle zum Bösen, die von der Astralebene oder niedrigeren mentalen Ebenen kommen, auszuführen. Auch die Meister der Bruderschaft kommunizieren mit der Menschheit durch Telepathie, jedoch von einer höheren mentalen und spirituellen Ebene aus. Gleichgültig aus welcher Quelle die Botschaften stammen, sie werden zunächst alle im menschlichen Unterbewusstsein gefiltert, durchlaufen dann das Bewusstsein und das Gehirn, ehe das Individuum sie zur Kenntnis nimmt. Und hier liegt auch das Problem: Der ungebildete Geist der Masse der Menschheit kann nicht zwischen telepathischen Nachrichten der Dunklen Mächte und denen der Bruderschaft unterscheiden.

Die Astralwellen der Dunklen Mächte können im Verein mit den irdischen Massenmedien Menschen sehr leicht in die eine oder andere Richtung lenken. Gleichzeitig sendet die Bruderschaft ihre Botschaften der Liebe und der Weisheit durch diesen Nebel an Negativität in einem permanenten Kampf um dessen Neutralisierung. Dies erklärt das häufige "Hin und Her", das im menschlichen Denken vorherrscht.

Es bedarf eines esoterisch gebildeten Geistes, um die irreführenden Botschaften der Dunklen Mächte zurückzuweisen und nur jene Botschaften der Weisheit herauszugreifen, die den höheren spirituellen Ebenen der Bruderschaft entströmen und sie frei und unbefleckt vom Medienbombardement aufzunehmen.

Agenten der Dunklen Mächte auf der irdischen Ebene

Es gibt in reichlichem Maß Verschwörungstheorien über eine mächtige Gruppe von Finanziers, die hinter den Kulissen eine derartige Kontrolle über den Welthandel ausüben, dass selbst rechtmäßig gewählte Regierungen zu bloßen Marionetten ihres umnachteten Willens werden. Jahrelang flüsterte man sich Geschichten zu über die Sieben Schwestern, über die Illuminaten, die Trilaterale Kommission, den Rat für auswärtige Beziehungen und ähnliche Institutionen mehr, die angeblich alle über genügend Macht verfügen, um jedwede Regierung, egal ob demokratisch oder autoritär, unter ihren Einfluss zu bringen. Es heißt, das primäre Ziel dieser Geheimgesellschaften bestehe darin, eine Eine – Welt - Regierung zu schaffen, die die gesamte Erde ihrer finsteren Herrschaft unterwerfen wolle.

All diese Geschichten, die eher wie der Plot eines Science-Fiction-Romans klingen, sind leider bis zu einem gewissen Grad wahr. Wir möchten allerdings Ihre Aufmerksamkeit auf eine Tatsache lenken: sobald einige dieser unter Verdacht stehenden Gruppierungen -unter welchem Namen auch immer- öffentlich bekannt sind, kann man sicher sein, dass sie lediglich als Deckorganisationen für wesentlich dunklere und im Verborgenen wirkende Kräfte fungieren, die in den Foyers der Genfer Geldkonzerne ein und ausgehen. Sie wurden lediglich dazu geschaffen, um die Öffentlichkeit zu täuschen und in dem Irrglauben zu lassen, sie könne die Dunklen Mächte identifizieren, während die wahren Schuldigen unter verschiedenen Verkleidungen in ihrer Ignoranz weiter ihren üblen Machenschaften nachgehen.

Die Inkarnationen der Dunklen Mächte auf der irdischen Ebene erscheinen als menschliche Wesen, die unter uns auf der Erde leben und arbeiten. Jene an der Spitze der Hierarchie der Dunklen Mächte sind sich voll der Tatsache bewusst, dass sie Teil einer Hierarchie sind, die in vielerlei Hinsicht die Hierarchie der Bruderschaft widerspiegelt. Sie bewohnen die luxuriösen Genfer Paläste und andere große urbane Zentren in der Welt, tragen die feinsten Anzüge, die man für Geld kaufen kann, dinieren in den edelsten Restaurants und hüllen sich in die nobelsten Düfte. Da sie hochintelligent sind, attraktiv und verführerisch, reicht ihr Einfluss bis in die höchsten Kreise der Macht und der Regierungen weltweit.

Ihr Einfluss ist so durchschlagend, dass sie Geldströme in einer Weise bewegen können, dass es innerhalb eines Tages zu einem Hoch an der Börse oder zu einer Baisse am nächsten Tag kommen kann. Sie können durch eine kurze Nachricht dem politischen Führer eines Landes die Anweisung erteilen, einen Krieg gegen ein Nachbarland vom Zaun zu brechen. Auf der ganzen Erde existiert keine einzige Machtstruktur ohne ihren Einfluss, und sie sind über die ganze Welt verteilt. Im Lauf der Jahre haben ihre Marionetten auf legitime Art Macht erlangt, indem sie höchste Ämter im Regierungsapparat und den Aufsichtsräten von verschiedenen privaten oder im öffentlichen Sektor tätigen Aktiengesellschaften einnahmen.

Sie zögern nicht, die Arbeit der Großen Bruderschaft des Lichts nachzuahmen, indem sie dasselbe Vokabular benutzen, aber stattdessen Mittel der schwarzen Magie anwenden, um den manipulierbaren schlafenden Geist der Masse der Menschheit von ihrer Gültigkeit und Ernsthaftigkeit zu überzeugen. Des weiteren haben sie telepathische Fähigkeiten erworben, um mit ihresgleichen weltweit kommunizieren zu können und außerdem mit ihren Kohorten auf der Astralebene. Durch Telepathie zwingen sie häufig auch die Medien, massenhaft Unzufriedenheit und Zwietracht zu schüren. Das Resultat ist oft genug Massenhysterie.

Sie spielen sogar Gott, indem sie von der Astralebene aus Botschaften an verschiedene religiöse Gruppierungen auf der irdischen Ebene senden. Zudem erhalten religiöse Gruppen widersprüchliche und Konflikte schürende Antworten im Namen Gottes auf ihre Gebete, und auf diese Weise werden weltweit religiöse Konflikte ausgelöst.

Die irdischen Agenten der Dunklen Mächte sind besessen von der Idee, enorme Geldsummen anzuhäufen, um auf diese Weise alle Bereiche der menschlichen Gesellschaft unter ihre Kontrolle zu bekommen. Sie kontrollieren die Finanzmärkte und das Bankensystem, staatliche Finanzämter, Regulierungsbehörden, das Militär, Börsen- und Kapitalmärkte, Spielkasinos und Aktiengesellschaften der öffentlichen Hand, durch die sie jedem Land der Welt riesige Geldsummen entziehen.

Sie leisten der Kriegstreiberei als lukrativem Geschäftszweig Vorschub. Kriege lösen bei den sich bekämpfenden Bevölkerungen Ängste und Abhängigkeiten aus und machen sie dadurch gefügig und leicht kontrollierbar. Das Ergebnis ist die Unterdrückung von individuellen Menschenrechten.

Diese übelwollenden Wesen oder Überreste aus der Zeit von Atlantis sind hierarchisch ähnlich wie das organisierte Verbrechen strukturiert. Ihre hierarchische Struktur umspannt jedoch sowohl die astrale als auch die irdische Ebene, was ihnen ein größeres und flexibleres Manövrierfeld eröffnet. Wiedergespiegelt wird auch die vereitelnde Entwicklungsstufe ihrer umnachteten Mitglieder, da das von höheren Ebenen stammende Licht und die Inspiration blockiert werden.

Die Dunklen Mächte nehmen in allen Rassen und Geschlechtern Gestalt an. Um die Tiefe und Verbreitung ihrer Macht zu verstehen, müssen wir Denkansätze jenseits des Begriffs von Nationalitäten oder Nationalstaaten zulassen. Wir dürfen nicht länger in Denkkonzepten wie Amerikaner gegen Schweizer oder Engländer gegen Chinesen oder irgendeine andere Nationalität verhaftet bleiben, denn die Dunklen Mächte existieren ohne jegliche Anbindung an irgendein Land. Für sie sind nationale Grenzen völlig willkürlich, denn sie betrachten Nationen lediglich als Faustpfänder, die einzig dazu nützlich sind, zu ihrer eigenen Gewinnmaximierung gegeneinander ausgespielt zu werden. Obwohl Amerika für die Dunklen Mächte das Land geworden ist, von dem man sich am meisten bei der Verbreitung des Wahnsinns verspricht, kann man trotzdem nicht wirklich behaupten, dass die Dunklen Mächte amerikanisch sind, obwohl Amerika zur Zeit leider ihr Hauptinstrument und Hauptanstifter, aber gleichzeitig auch Hauptopfer ist.

Die Dunklen Mächte betrachten das Kosmische Gesetz der Willensfreiheit mit Verachtung und benutzen oft Gewalt oder telepathische Manipulation, um von schwachen Rezipienten Besitz zu ergreifen, die ihre Pläne dann ausführen. Dies erklärt die periodische Zunahme von Kriminalität , der wir auf der Erde ausgesetzt sind - der Ausbruch von Schulschießereien, der Anstieg von Kindesentführungen ohne erkennbaren Zusammenhang, Angriffe wahllos zielender Scharfschützen, Kindesmord durch bislang unbescholtene Mütter, irrationale häusliche Eifersuchtsdramen und Mord, Terrorangriffe, all dies begangen von schwachen oder dem

Verbrechen anheim gefallenen Individuen, die den üblen Einflüsterungen der Dunklen Mächte von der Astralebene erlegen sind. Die meisten dieser Täter können oft nicht erklären, warum sie diese abscheulichen Verbrechen begangen haben, da sie in Wahrheit besessen waren. Unser Justizsystem nennt das "vorübergehende Unzurechenbarkeit".

Die Dunklen Mächte beschäftigen mächtige schwarze Magier, die zu Astralreisen fähig sind, das bedeutet, sie sind in der Lage, ihren Körper zu verlassen und sich an Orte außerhalb ihres Körpers zu begeben. Sie haben zudem die Anwendung des telekinetischen Mesmerismus perfektioniert, der sie dazu befähigt, mittels Astralreisen in alle Arten von Maschinen zu gelangen - Busse, Flugzeuge, Produktionsanlagen, Raketen, Satelliten und dergleichen mehr- und diese lahmzulegen. Dies erklärt die plötzliche Zunahme von Flugzeugabstürzen innerhalb eines bestimmten konfliktträchtigen Zeitabschnitts.

Diese ausgesendeten Signale sind oft derartig stark, dass mental schwache, unter Stress stehende oder an mentaler Unausgeglichenheit leidende Individuen ein Signal auffangen. Diese Ärmsten, die oft unschuldig und ohne böse Absicht in den Aktionsradius dieser ausgesendeten Wellen geraten, werden dazu verleitet, Verbrechen zu begehen, die ihrer wahren Natur völlig widerstreben. Und wenn sie wieder zu sich kommen, haben sie oft keinerlei Erinnerung mehr an ihre üblen Taten.

Die Dunklen Mächte stellen somit eine negative Kraft dar, die mittels Telepathie den positiven und den Geist erhebenden Einflüssen der Großen

Bruderschaft des Lichts entgegentritt. Sie können in Gestalt von intellektuell hochentwickelten Menschen bis hin zum kleinen Straßenkriminellen auftreten. Ihr letzter Versuch, Geld anzuhäufen und die Menschheit zu kontrollieren, führt in die Leere, ist nichts als ein virtueller *cul de sac,* aber was kann man schon von diesen Unwissenden erwarten? Nichtsdestotrotz waren derart simplistische und uninspirierte Ziele für die Erde in ihrem gegenwärtigen Entwicklungsstadium bislang verheerend.

Menschen zu Schafen machen

Man fragt sich, wie es möglich ist, dass die Dunklen Mächte soviel Kontrolle über die Erde erlangen konnten. Wir unternehmen den Versuch, eine Antwort zu entwerfen.

Viele der Dunklen Mächte haben sich in diesem Entwicklungsstadium der Erde *en masse* dazu entschieden, körperliche Gestalt anzunehmen und zwar aus folgendem Grund: Dies ist nämlich der Zeitpunkt, an dem die guten und unschuldigen Seelen auf der Erde ein Stadium in ihrer kosmischen Entwicklung erreicht haben, in dem sie sich entscheiden müssen, über sich selbst zu herrschen oder sich beherrschen zu lassen. Die Dunklen Mächte haben dieses Dilemma ausgenützt, um jene zusammenzutreiben, die meinen, noch immer wie Schafe behütet werden zu wollen und die bereitwillig ihre Unabhängigkeit aufgeben und sich wissentlich beherrschen lassen. In letzteren haben die Dunklen Mächte willige Opfer gefunden.

Der Einfluss des Fernsehens

Das Fernsehen war die wunderbarste Erfindung der Nachkriegsjahre. Seine Präsenz im Leben der Mensch ist phänomenal, so dass es heute in fast jedem Haushalt einen oder mehrere Apparate gibt. Selbst in den entlegendsten Winkeln der Erde kann man Leute um den Fernseher versammelt sitzen sehen, sei es in einem Café, auf einem zentralen Platz oder im Haus eines Nachbarn. Mit dem Satellitenfernsehen, das die ganze Erde umspannt, muss niemand mehr ohne Fernsehen leben.

Von unserem Standpunkt aus sehen wir unsichtbare Signale von den weltweiten Sendeanstalten, die in jeder Sekunde des Tages jeden Haushalt erreichen. Jenseits der unschuldigen Sendesignale, die immer wieder "I love Lucy" in den Äther strahlen, existieren elektronisch geeichte Signale, die dazu geschaffen wurden, unterschiedliche Stadien von Retardierung, Autismus, Dummheit, Mesmerismus und allgemeine Missempfindungen unter Milliarden von weltweiten Fernsehzuschauern auszulösen. Deshalb kostet es oft eine große Willensanstrengung, sich vom Fernseher abzuwenden. Die Leute sprechen oft im Scherz davon, vor dem Fernseher geradezu "festzukleben". "Magnetisch angezogen" (mesmerisiert) wäre der zutreffendere Ausdruck.

Schalten Sie Ihren Fernseher aus. Hängen Sie eine Schnur vor das Gerät. Schalten Sie nun das Gerät wieder ein, und Sie werden sehen, wie sich die Schnur nach vorne bewegt, sobald die Wellen ins Zimmer treten. Nochmal - diese Wellen wurden geeicht, um Sie zu betäuben und ruhig zu stellen und je länger Sie und Ihre Kinder vor dem Fernseher sitzen, desto empfänglicher werden Sie für die schädlichen Einflüsse, zu denen gehört, dass Sie immer träger werden, fauler und unfähiger, klar zu denken.

Zusätzlich zu diesen elektronischen Signalen bedient das *Programm* des Fernsehens eher die emotionale als die rationale Verstandesebene der Menschheit, oft auf der Stufe des kleinsten gemeinsamen Nenners. Die Sendungen zeigen Charaktere, die äußerlich oft sehr schön und attraktiv sind, aber ihre Emotionen nicht beherrschen können. Betrachten Sie diese Sendungen einmal objektiv. Die populärsten sind voll von Leuten, die einander anbrüllen. Jemand verliert die Beherrschung. Jemand betrügt. Jede Rolle verletzt immer wieder und wieder das kosmische Gesetz. Leider sind das die Programme, die die Leute am interessantesten finden.

Wo sind die Sendungen, in denen eine tapfere Seele vor scheinbar unüberwindlichen Hindernissen steht und sie spirituell alle überwindet? Wir sehen heutzutage, wenn überhaupt, sehr wenige Siege dieser Art. Stattdessen sieht man Leute, die ständig in die schwierigsten und verwickeltsten Beziehungen verstrickt sind, stets in der Verletzung der kosmischen Gesetze. Es ist so, als wolle jemand sagen: "Das seid ihr, so seid ihr. Akzeptiert es. Es ist euer Los. Ihr seid ein Haufen zankender Tiere und werdet es immer bleiben," denn gemäß dem kosmischen Gesetz, wird man zu dem, auf das man seine Aufmerksamkeit lenkt. Worüber der Mensch nachdenkt, dazu wird er folglich.

Das Fernsehen wird auch benutzt, um die öffentliche Meinung von schändlichem Unheil abzulenken. Vor einigen Jahren wurde die Welt wegen der Gerichtsverhandlung eines Individuums namens O.J.Simpson vor dem Fernseher festgehalten. Monatelang beobachtete und hörte man die stoßweise vorgetragenen Schilderungen von Herrn Simpson darüber, ob er seine Frau nun ermordet hatte oder nicht. Ist das interessant? Was mag alles passiert sein, während die Leute derart abgelenkt wurden? In den USA war die Öffentlichkeit in den Tagen vor dem Terrorangriff auf das World Trade Center in New York im Bann der Geschichte einer verschwundenen Kongresspraktikantin, die ein Verhältnis mit einem Kongressabgeordneten gehabt hatte.

Die Mehrheit der an den Bildschirm gefesselten Menschheit hat in der Tat die gottgegebene Gabe zu denken, kreativ zu sein und mit Kräften von außerhalb zu experimentieren, verschmäht. Die schädlichen Wirkungen der genau geeichten elektronischen Signale, die den Lebensraum fast jeder Familie auf Erden erreichen und die menschlich erniedrigende Programmgestaltung haben einen derartig betäubenden Effekt auf die Menschheit, dass die Dunklen Mächte die Öffentlichkeit sowohl auf die eine als auch auf die andere Seite hin lenken können, sie in den Krieg ziehen lassen können, sie zu ihrer eigenen Hinrichtung zusammentreiben und ihnen ihr hart verdientes Geld vor ihren eigenen Augen aus der Tasche ziehen können.

Die Dunklen Mächte unter uns

Lauscht dem, was eure Wirtschaftsführer und

Staatsmänner sagen und findet heraus, was wirklich vor sich geht. Die weisen Worte, die uns Meister Jesus hinterlassen hat, treffen hier genau zu:" An ihren Taten werdet Ihr sie erkennen."

Einige von euch, die in vorderster Front in der Bruderschaft dienen, werden sich unglücklicherweise in der Gegenwart solcher Wesen aufhalten müssen. Euch wird die völlige Abwesenheit von allem auffallen, was man im entferntesten als menschlich bezeichnen könnte, wie Emotionen, Empfindsamkeit und natürlich Liebe. Wie Roboter besitzen sie keine Seele, denn sie sind ganz einfach Energieeinheiten, die programmiert wurden, in Menschengestalt diesen Planeten zu kontrollieren. Sie sind nicht zur Gänze menschlich, in dem Sinn wie man menschlich gemeinhin definiert. Man könnte sagen, dass sie dieselbe mentale Struktur wie ein Serienmörder haben, der nichts dabei empfindet, einen, zwei, drei, vier, fünf, sechs oder bis zu fünfzig Menschen oder mehr umzubringen und damit immer weitermachen würde, solange man ihn nicht stoppt. Als mit jeglicher Macht ausgerüstete Führer können sie das Abschlachten von hunderten oder tausenden von Menschen anordnen, ohne mit der Wimper zu zucken.

Welche Art Wesen kann so etwas tun? Sicher nicht die Sorte Mensch, der man sich freiwillig anschließen würde, denn sein Bewusstsein, der sogenannte tägliche Funktionszustand des Geistes, ist getrennt vom übergeordneten Bewusstsein oder Höherem Selbst. Deshalb ist dieses Wesen per Definition wahnsinnig.

Wo wirken diese Wesen? In den nächsten beiden

Kapiteln werden wir uns ausführlicher mit den beiden Welten der Dunklen Mächte beschäftigen- mit Kapitalanhäufung und Kriegstreiberei. Diese beiden Aktivitäten durchdringen heutzutage alles derartig stark, dass ihre Erfüllungsgehilfen praktisch in allen Bereichen zu finden sind, in allen Gesellschaftsschichten und in allen Ländern.

Tagtäglich lesen wir in der Zeitung von gewalttätigen Individuen, gewalttätigen Verbrechern, Dieben, Betrügern und dergleichen mehr. Es sind diejenigen, die auffallen und unsere Gesellschaft mit ihren Missetaten überziehen und gleichzeitig unsere Aufmerksamkeit von den noch größeren Verbrechen gegen die Menschheit ablenken, die von jenen begangen werden, die unsichtbar bleiben, versteckt hinter einem dichten Schleier der Geheimhaltung, die sich in den Finanzhochburgen der ganzen Welt unerkannt und für den gewöhnlichen Menschen nicht wahrnehmbar, bewegen. Sie treffen sich in den Genfer Palästen, um Kriege aus Profitgier auszuhecken und zu planen und Pläne zu entwerfen, wie sie den Leuten das Geld aus der Tasche ziehen können, als wäre das alles ein Spiel.

Sie gehören nicht einem bestimmten Land, einer bestimmten Nationalität oder Rasse an. In Wirklichkeit sehen sie nationale Grenzen nur als geringfügige Hindernisse an, die sich durch die Einführung elektronischer Geldtransfers und ein komplexes Netz von Kontakten auf allen Ebenen leicht überwinden lassen. Sie bevölkern ein internationales Netzwerk von Bank- und Finanzinstitutionen, hohen Rängen in Regierungskreisen, dem Militär, der Rüstungsindustrie und des diplomatischen

Dienstes. Sie bewegen sich in Kreisen, die ihrer flüchtigen und mobilen Existenz Vorschub leisten, indem sie unangekündigt Grenzen überqueren und riesige Geldsummen an geheimgehaltene Orte bringen.

Diese heimlichen Kontrolleure des Finanzsystems auf diesem Planeten haben auch ihre Gegenspieler: die Verbreiter der Tugend der Genügsamkeit. Viele Gruppen predigen die Ablehnung des Geldes und die Tugend der Armut. Einige überzeugen ihre Anhänger wie so viele Schafe, all ihren weltlichen Besitz aufzugeben zugunsten einer Bewegung oder einer Religion, während ihre Führer selbst im Namen der Bewegung ein mehr als komfortables Leben führen.

Sie besetzen hohe Ämter in den traditionellen Kirchenhierarchien. Viele Sektenführer sind von dieser Sorte. Sie plappern scheinheilig die religiösen Floskeln nach, um Außenstehende glauben zu machen, sie seien selbst gute Seelen und engelsgleiche Kreaturen. Aber man kann feststellen, dass sie oft unlogisch argumentieren, wenn sie über das Gute sprechen, denn sie durchdringen es gedanklich nicht sehr tief.

Beim Geschäft der Kriegstreiberei managen die Dunklen Mächte aus der Ferne industrielle Rüstungsbetriebe und die sogenannten defensiven Unternehmer, die ihre Geschäfte nie direkt selbst tätigen und somit jede kritische Überprüfung vermeiden.

Kurioserweise haben diese kriegstreiberischen Aktivitäten auch einen Widerpart, und das ist die Friedensbewegung. Heutzutage tritt sie als weltweite, breit gefächerte Anti-Bewegung auf. Obwohl viele guten und arglosen Seelen zu diesen Bewegungen gehören, kann man viele der aktiven Führer den Dunklen Mächten zurechnen, denn sie fördern Spaltung und säen Hass gegen Symbole oder Ikonen der Kriegstreiberei, die nicht notwendigerweise die wahren Kriegsverbrecher sind. Dies geschieht oft, um die Aufmerksamkeit der Öffentlichkeit von den wahren Tätern abzulenken und macht diese Bewegungen zu einer Farce. So verbrennen Friedensbewegungen oft Attrappen von Führern, von denen sie glauben, dass sie Kriege fördern und zielen dabei lediglich auf die Strohmänner der wirklichen Planer und Kriegstreiber.

Die Medizin ist ebenfalls unter den Einfluss der Dunklen Mächte geraten. Anstelle von Heilern haben wir nur noch Leute, die danach streben, möglichst viel Geld zu verdienen. Dies erklärt den exorbitant hohen Preis für medizinische Leistungen und Versicherungen in den USA und das Fehlen jeglicher nationalen Gesundheitsfürsorge für amerikanische Bürger.

Zudem gibt es eine ganze Reihe von Pressure Groups. Viele führen die Tugenden der Organisationen und Bewegungen im Munde, die sie in aller Ruhe sabotieren. Manchmal säen die lautesten Friedensanwälte und Globalisierungskritiker in Wirklichkeit Zwietracht und unterstützen das "wir-sie" Syndrom sowie kompromisslose Lösungen. Die Umweltbewegung ist dem zum Opfer gefallen. Das Gute, das einer solchen Bewegung entspringen könnte, wird so in einem Regelwerk gefesselt, dass es uneffektiv wird.

Dann gibt es noch jene in okkulten Bewegungen die Wahrheiten im Munde führen. Sie behaupten, angeblich diesen oder jenen Meister zu vertreten, indem sie unschuldige telepathisch Veranlagte benutzen, um ihre verdrehten und verzerrten Versionen der Wahrheit zu vermitteln. Ihre Seichtheit tritt oft dann zutage, wenn sie zwar Mantras singen, aber keinerlei tieferes Verständnis zeigen. Sie stehen mit ihrer Seele nicht richtig in Verbindung, sind lediglich Automaten, die programmiert sind im Namen des Guten zu agieren.

Inkarnierte der Dunklen Mächte sind oft hochintelligent und physisch attraktiv und verströmen einen bestimmten körperlichen Magnetismus oder ein Charisma, das es ihnen erlaubt, Leute in ihren Bann zu ziehen. Sie können eine Aura von "Maya" um sich herum schaffen, ganz wie ein Spinnennetz, so dass man sich in ihrer Gegenwart in einem halb-hypnotischen Zustand befindet und wider Willen bestimmte Dinge tut.

Sie haben Spitzenpositionen in weltweiten Organisationen erklommen oder sitzen in Aufsichtsräten als Macht hinter dem Thron. Wie vorhin dargelegt, haben sie weltweit das Finanz- und Bankensystem, Börsen und Aktienmärkte infiltriert, die staatlichen Finanzbehörden, Aktiengesellschaften (öffentliche von beträchtlichem Umfang, die naturgemäß schwer zu kontrollieren sind) und im Wesentlichen jegliche Organisation, die Geld durch Beiträge einnimmt, wie politische Parteien, Wohlfahrtsverbände und religiöse Vereinigungen.

Die Geistlichen in den muslimischen

Religionsgemeinschaften, die den Heiligen Krieg ausgerufen haben, sind sich ihrer Verbindung mit den Dunklen Mächten nicht bewusst, sie werden jedoch als Empfänger telepathischer Nachrichten benutzt. Ihre Stellung in der irdischen religiösen Hierarchie gewährt ihnen viel Macht und Einfluss, und sie sind in der Lage, auf Knopfdruck nach Belieben Hass auszulösen und ihre Taten durch heilige Schriften zu rechtfertigen. Wenn ihnen telepathische Befehle erteilt werden, reagieren sie oft, als hätten sie eine religiöse Vision gehabt, die ihre schändlichen Taten rechtfertigt.

Führer in den angeblich freien westlichen Demokratien, die ihre öffentlichen Ämter durch Wahlen oder Ernennungen erlangen, sind ebenfalls den Einflüssen der Dunklen Mächte ausgeliefert. Es wäre unfair zu behaupten, dass alle diejenigen, die gewählt wurden, Agenten der Dunklen Mächte sind, obgleich es viele in ihren Rängen gibt, die in den Hinterzimmern der Macht Ratschläge von ihnen erhalten. Selten findet man ein Mitglied der Dunklen Mächte, das als sehr bekannte politische Figur der Öffentlichkeit *auch* öffentlich gewählt wurde. Viel wahrscheinlicher ist es, auf Politiker zu treffen, die als Marionetten anonymen Einflüssen aus dem Hintergrund ausgesetzt sind.

Wahlen sind das Spielfeld der Dunklen Mächte. Ein Kandidat einer Wahl, der eine bestimmte Position nachhaltig vertritt, ist leicht zu kompromittieren und "verkauft seine Seele häufig dem Teufel". Je enger das Ergebnis einer Wahl zur Aufstellung der Kandidaten ist, desto stärker ist der Kandidat den Einflüssen ausgesetzt, die ihm in letzter Minute die Wahl ermöglichen. Alle Wahlen werden von den Dunklen Mächten sehr genau beobachtet.

Die Dunklen Mächte haben sich hier auf diesem Planeten seit vielen Generationen eingenistet, und sie wissen, dass die Mächte des Lichts für eine Unterbrechung ihrer lukrativen Tätigkeiten sorgen können. Auch wenn es nicht danach aussieht, so sind sie doch "auf der Flucht". Wie Desperados auf der Flucht, die vergewaltigen und zerstören, ehe sie geschlagen werden, setzen die Dunklen Mächte in diesen letzten Tagen und Jahren ihr Zerstörungswerk fort.

Zum Glück wird ihnen das kosmische Gesetz dieses Wirken nicht länger gestatten. Ihre Herrschaft auf der Erde wird enden und gemäß der kosmischen Kreisläufe, wird ein großes neues Erwachen an der Basis, zu der Sie als Leser gehören, die Leute endgültig aufrütteln und sie dazu bringen, Fragen zu stellen. Und genau wie die Bauern während der Französischen Revolution beim Sturm auf die Bastille rufen: "Es reicht! Es reicht! Köpft sie!".

Kapitel 4

Die Kontrolle des Nationalstaats

In der Zeit nach dem 2.Weltkrieg war die Welt in drei Hauptsektoren aufgeteilt: 1) in die so genannte freie Welt, 2) den kommunistischen Block und 3) die Dritte Welt der blockfreien Staaten. In jeder der drei Zonen haben die Dunklen Mächte unterschiedliche Methoden angewandt, um das Erbe von Atlantis fortzusetzen, das in Kapitalanhäufung und Kriegstreiberei bestand.

Im Sowjetischen Block schufen die Diktaturen im Stil der leninistisch-stalinistischen Parteien Regierungsapparate, die alle Sektoren der Wirtschaft in den Satellitenstaaten auf dem Baltikum, in Osteuropa, auf dem Balkan, in Zentralasien und Ostasien monopolisierten. Die Kommunistische Partei zog Geld und Rohstoffe von den Bevölkerungen ab und steckte riesige Summen in ihre jeweiligen Rüstungsprogramme. Diese Parteidiktaturen waren die schlagendsten Beispiele für die Reinkarnation des atlantischen Modells von Kapitalanhäufung und Kriegstreiberei.

In der blockfreien Welt gab es ebenfalls herausstechende Beispiele des atlantischen Regierungsstils, die die bereits von Verarmung geprägten Lebensbedingungen der Nachkriegszeit noch verschlimmerten. Die meisten dieser

Nationen der Dritten Welt übernahmen weniger zentralistische Modelle sozialistischer "Republiken", die ihre Nationen durch ausufernde Bürokratie tendenziell weiter verarmen ließen und starke Führer an die Macht brachten, oft aus dem Militärapparat, die von einer privilegierten Klasse speichelleckerischer Geschäftsleute und weit verzweigter Familienmitglieder umgeben wurden. Wieder einmal war der Reichtum in den Händen der privilegierten Klasse konzentriert, während die Regierung viel für die Armee ausgab (im Gegensatz zu Marine und Luftwaffe), denn die Armeen konnten dazu eingesetzt werden, das Volk zu unterdrücken und die unmittelbaren Nachbarstaaten in Kriege zu verwickeln. So kamen in der Dritten Welt genau dieselben atlantischen Prinzipien zum Tragen: Kapitalkonzentration in den Händen weniger und Kriegstreiberei.

In der so genannten freien Welt westlicher Demokratien kamen die atlantischen Prinzipien ebenso zum Tragen, wenngleich in subtilerer Form. Das berühmte Wettrüsten mit dem Kommunistischen Block führte zu immensen Militärausgaben und zahlreichen Kriegen wie zum Beispiel : die Kriege in Korea, Nicaragua, im Libanon, im Nahen Osten, Kuba, Vietnam sowie den Brandherden im Irak, um nur einige zu nennen.

Die westlichen Staaten riefen lauthals nach freiem Handel, wie sie es nannten, und verletzten diese Prinzipien ihrerseits, sobald es ihnen nutzte. Durch Handelsabkommen und die Kontrolle der internationalen Finanzmärkte, die die Handelsbeziehungen regelten, lenkten sie die blockfreien Staaten sowie in sehr geringem Umfang den Ostblock in ihr Handelssystem. Ohne wirklichen Wettbewerb von Seiten eines Großteils des Globus, nämlich der Sowjetunion und Chinas, konnten die westlichen Nationen mit dem Rest der Welt freien Handel treiben. Das Ergebnis war eine massive Anhäufung von Reichtum in den westlichen Demokratien und eine beispiellose technologische Modernisierung der westlichen Gesellschaft, die zu vermehrtem Wohlstand führte.

Bei ihrem Wirken in den demokratischen Nationen mussten die Dunklen Mächte im Gegensatz zu ihrem Wirken in den offenkundig diktatorischen Systemen der kommunistischen und blockfreien Welt subtilere Methoden anwenden, um diese massiven Reichtümer unter ihre Kontrolle zu bringen.

In diesem und den nächsten Kapiteln werden wir beschreiben, wie es den Dunklen Mächten gelang, durch ihre Kontrolle der nationalen Steuerbehörden, der Verschuldung der Nationalstaaten und der Aktienmärkte, den weitreichendsten Wohlstandstransfer in der Menschheitsgeschichte zu bewerkstelligen.

Viele werde sagen, " Mein Leben ist so unbedeutend. Warum sollten sich die Dunklen Mächte mit mir überhaupt abgeben?" Aber da trifft das alte Sprichwort zu: " Die beiden einzig sicheren Dinge im Leben sind die Steuern und der Tod." Sobald Sie irgendeine Art von Steuer bezahlen, kommen Sie mit den Dunklen Mächten in Berührung.

Die Dunklen Mächte haben ihre ausgeklügelte Fähigkeit, riesige Geldsummen anzuhäufen, aus ihrer Zeit in Atlantis mit herüber gerettet. Ihre

Strategie besteht im allgemeinen darin, den größten Teil des Reichtums auf der Welt bei sich anzuhäufen und diese Finanzmacht dann dazu zu benutzen, die Menschheit zu beherrschen. Die offensichtlichen Quellen der Finanzakkumulation sind die nationalen Regierungen, die per Machtanspruch und Gesetz die Möglichkeit haben, ihren Bürgern unter Gewaltandrohung Geld abzunehmen.

Das erpresserische Steuersystem

Heutzutage haben Regierungen wie einst die Feudalherren das Recht, ihre Bürger zu besteuern, oder, um es schonungsloser auszudrücken, ihre Bürger zur Abgabe von Steuern zu zwingen. Ein Bürger zahlt Steuern vorgeblich um Recht und Ordnung in der Gesellschaft aufrecht zu erhalten, für den Ausbau und Unterhalt der Kommunikations- und Verkehrswege, für die Funktionsfähigkeit gemeinnütziger Einrichtungen wie Post, Luftfahrt, Verteidigung der Gesellschaft gegen feindliche Übergriffe von außen und eine Menge anderer Ausgaben, die die Regierung ihm aufzwingt. Einige Aktivitäten der Regierung sind ohne Zweifel für die Bürger von allgemeinem Nutzen, andere jedoch sind ausgesprochen fragwürdig. Dennoch stellen die meisten Bürger die Rechtmäßigkeit ständig steigender Steuern nie in Frage und kommen ihrer Bürgerpflicht als Steuerzahler nach.

Regierungen erheben Steuern in allen Gesellschaftsschichten und auf jeden Aspekt des Lebens, um ihre ständig steigenden Ausgaben zu decken. So erheben sie beispielsweise Steuern auf Benzin, Zigaretten, Alkohol, Luxusgüter, Reisen,

Schulen, Wasser, Heizöl, Flugsicherheit, Grenzkontrollen, Hafennutzung,Zölle, Flugreisen, Restaurantbesuche - mit anderen Worten auf alles, was man zum Überleben braucht. Selbst Rentner, Kranke und Schwache, Behinderte und Arbeitsunfähige müssen auf ihr Einkommen Steuern bezahlen. Tatsächlich ziehen die Regierenden ihren Bürgern schleichend so viel Geld aus der Tasche, dass der Durchschnittsbürger Geld borgen muss, um über die Runden zu kommen. Private Kreditgeber vergrößern den Rahmen für Privatkredite und Hypotheken, Kreditkarten und Konsumentenkredite dergestalt, dass der ausgelaugte Steuerzahler auch noch von externen Organisationen abhängig wird. Sie leihen den Bürgern sogar Geld, damit diese ihre jährliche Einkommenssteuer begleichen können!

In den Vereinigten Staaten, wo Steuern laut Verfassung freiwillig sind, wurde die Behörde, die mit dem Eintreiben der Steuern betraut wurde, der Internal Revenue Service ohne jegliches legales Mandat ins Leben gerufen. Dennoch treibt diese Behörde heute, vor dem Hintergrund eines sehr fragwürdigen Mandats, Billionen von Steuerdollar ein mit Hilfe von bewaffneten Polizeikräften, die die Bürger ins Gefängnis werfen, falls sie nicht zahlen. Der fragwürdige legale Status des IRS entzieht seine Aktivitäten dem Einflussbereichs der Justiz. Dennoch erlässt er Steuergesetze und Regularien unter Androhung von Gewalt. Eine genauere Untersuchung der Steuergesetzgebung in anderen Ländern der Welt würde wahrscheinlich zur Aufdeckung ähnlicher Vorgehensweisen führen.

Ob die Steuerbehörden eines Landes legal sind

oder nicht, ist eine Sache, aber all diese Behörden haben ein gemeinsames Merkmal: Sie sind unantastbar und müssen niemals Rechenschaft im Sinne einer Buchprüfung ablegen. mit anderen Worten, der Steuerzahler weiß nie genau, wieviel Geld die Finanzämter eigentlich einnehmen. Die Tatsache, dass riesige Summen unter dem Deckmantel der nationalen Sicherheit bewilligt werden, die jedoch nicht im Staatshaushalt ausgewiesen sind und über die nie öffentlich Rechenschaft abgelegt wird, ist lediglich die Spitze des Eisbergs in dieser ungeheuerlichen Situation.

Wieviel Steuergeld zieht mein Land tatsächlich ein?

Um den Steuerzahler zu verwirren und diese Lage zu vernebeln, machen es komplexe Steuergesetze für jedwedes private Kontrollorgan in Wirklichkeit unmöglich, die Höhe der Steuereinnahmen zu kalkulieren." Für jede Regel gibt es eine Ausnahme. Wir betrachten jeden Steuerzahler als Einzelfall", sagen die Finanzämter dazu. Deshalb trifft der Versuch, das Steuersystem zu vereinfachen und einen für jedermann klar verständlichen Steuersatz einzuführen, auf so starken Widerstand. Ein begradigtes Steuersystem würde es für die Bürger zu einfach machen, herauszufinden, wieviel Steuergelder durch das gegenwärtige System erhoben werden.

Weltweite Steuerbehörden sind in der Lage, jedes Jahr nicht nur Milliarden, sondern Billionen von den Bürgern einzukassieren. Und die Weltbank hat zu ihrer Unterstützung vor kurzem für eine Milliarde Dollar ein Projekt ins Leben gerufen, um die Effizienz der Steuererhebung in den

Entwicklungsländern zu verbessern! Wie effizient diese Steuererhebungssysteme auch immer sein mögen, so sind sie doch nie irgend jemanden Rechenschaft über ihre Einnahmen schuldig.

Agenten der Dunklen Mächte schöpfen zunächst nach Belieben Gelder ab, und dann erst veröffentlichen die Steuerbehörden ihre Zahlen. Niemals kommt es dabei zur Verifizierung durch eine dritte unabhängige Instanz.

Aber eines ist von unserem Blickwinkel aus sicher: Die Dunklen Mächte wirtschaften auf Kosten der Bürger in die eigene Tasche. So müssen zum Beispiel die USA, bekanntlich das reichste und mächtigste Land der Erde, erst noch ein funktionsfähiges Gesundheitssystem für ihre Bürger aufbauen. Dennoch geben sie Milliarden für Rüstungs- und Raumfahrtprogramme aus und noch viel mehr für verdeckte Aktivitäten.

Die Allgemeinheit muss aufwachen und alle Steuern in Frage stellen. Es gibt bereits Abweichler, die die gegen diese Ungerechtigkeiten protestieren, aber verglichen mit der breiten Mehrheit der Leute, die sich wie eine Lämmerherde zur Schlachtbank führen lassen, handelt es sich dabei nur um eine kleine Minderheit. Jeder von uns sollte jedes Mal, wenn die Registrierkasse im Laden eine Verkaufs- oder Mehrwertsteuer ausweist im Geiste aufschreien und fragen, "Halt! Wohin geht dieses Geld?`Warum sollte ich es bezahlen?" Dieser mentale Widerstand beschwört Energie aus den spirituellen Dimensionen herbei, die dazu führt, dass das allgegenwärtige Steuersystem seine Herrschaft über die Welt verliert.

Jeder einzelne sollte seinen Regierungsabgeordneten fragen, ob er die genaue Höhe der von der Regierung eingenommenen Steuer kennt. Aber man sollte sich nicht wundern, wenn man auf Ratlosigkeit trifft. Hat jemals jemand daran gedacht, diese Frage zu stellen? Außerdem sollte man die Frage stellen, ob je irgend jemand außerhalb der Regierung die Finanzbehörden überprüft hat.

Sie müssen nicht mit Plakaten vor ihrer Finanzbehörde demonstrieren. Es ist schon von unermeßlichem Nutzen, wenn Sie ganz einfach diese bohrenden Fragen stellen, damit die Dunklen Mächte ihre Herrschaft über den weltweiten Kapitalmarkt verlieren. Dies beschwört nicht nur die Kraft Ihres Höheren Selbst, sondern auch die Stärke der Bruderschaft herauf, diese Situation in einer anderen Dimension zu bereinigen, denn sobald dies erledigt ist, wird die Lösung hier auf der irdischen Ebene zu Tage treten. Ihre Fragen und Nachforschungen werden durch einen Schneeballeffekt diese tragische Situation ans Licht bringen.

Bürokratie: Vergeudete Steuern

Keiner wagt es, irgendeine Art von Bürokratie auf der Welt einer ernsthaften Kosten-Nutzen-Analyse zu unterziehen, denn das vorhersehbare Ergebnis wäre, dass der Unterhalt derselben den durch sie erzielten Gewinn bei Weitem übersteigen würde. Wir alle wissen in unserem tiefsten Innern, dass Regierungsbürokratien Geld verschwenden, doch wenn wir vor der Herausforderung stehen, dieser Verschwendung entgegenzutreten, lehnen wir uns zurück und versuchen, nicht daran zu denken. In der Zwischenzeit steigen unsere Steuern mit zunehmender Bürokratie. Wirtschafts- und Finanzanalysten zucken mit den Achseln und nennen die Last zum Unterhalt der Regierungsbürokratie "inhärente Kosten" oder einfach etwas, das wir zu tolerieren haben.

Das ist durchaus verständlich, denn diese Erfindungen sind wie Dampfwalzen, die nicht aufzuhalten sind. Sie wurden eingeführt, um1) riesige Geldvermögen in einer Hand zu konzentrieren und 2) riesige Summen auszugeben, ohne selbst etwas zu produzieren. Sie dienen als Einweg-Schornsteine, durch die Geld ausgestoßen wird und bilden die einzige Rechtfertigung für unser Steuersystem, denn ohne sie könnte niemand die systematische Zwangsbesteuerung rechtfertigen, die unseren gesamten Planeten überzieht.

Die Regierungsbürokratie betrifft auf die eine oder andere Weise jeden einzelnen Menschen. Ihre Tentakeln reichen rund um die Uhr bis in jedermanns Taschen, um ihren unersättlichen Appetit nach Geld zu befriedigen. Es gibt eine Steuer auf alles, was man konsumiert, selbst die Luft, die man atmet und das Wasser, das man trinkt. So geht das Jahr für Jahr und selten wird das Budget eines bürokratischen Apparats kleiner. Obwohl es manchmal vorübergehend stagniert, so steigt es am Ende, wenn die Aufmerksamkeit der Öffentlichkeit abgelenkt ist, schließlich doch wieder an.

So ist eine bürokratische Organisation von Natur aus immer parasitär, denn sie produziert nichts außer Papier und Vorschriften. Einige stellen

Lizenzen, Führerscheine, Personalausweise, Zertifikate und dergleichen aus, um zusätzlich zu ihrem durch Steuereinnahmen erzielten Budget Geld einzunehmen. Einige haben sogar Express-Dienste eingerichtet, damit sie für ihren Service einen Höchstpreis verlangen können, ganz wie die unter-dem-Tisch-Zahlungen, die die Bürokraten in einigen Ländern verlangen, um die Dinge " zu erleichtern", indem sie die Hürden abbauen, die sie selbst zuvor errichtet haben.

Da sie unter dem Schutz einer offiziellen Funktion auftreten, können Regierungsbehörden auch die Massenmedien beeinflussen. Regierungsvertreter preisen sich unermüdlich selbst in Lobesreden, um die Dienste ihrer jeweiligen Behörden zum Wohl der Öffentlichkeit zu rechtfertigen. Sie müssen die Leute ständig daran erinnern, wieviel Gutes sie ihnen tun.

An der Basis gelingt es kleinen lokalen Regierungsbehörden durch ihre Dienste eine gewisse Ordnung in der Gesellschaft aufrechtzuerhalten. Auf nationaler Ebene jedoch sind ihre Rechtfertigungen sehr fragwürdig, da ausschließlich auf dieser höheren Ebene - der Provinzen oder des Gesamtstaates, national oder international- die teuersten und fest institutionalisierten Formen der Bürokratie existieren, denn hier sind sie dem Urteil der Öffentlichkeit weitgehend entzogen. Bürger können auf ihre lokalen Regierungsvertreter ein wachsames Auge haben, aber sie sind machtlos, wenn es darum geht, Behörden auf der Ebene des Gesamtstaates, der Provinz, national oder international, zu beurteilen.

In allen für die Menschheit wichtigen Belangen führt heutzutage die Bürokratisierung zu einer allgemeinen Lähmung im Entscheidungsfindungsprozess, da ihre Selbsterhaltung stets vor allen anderen Fragen, die auf dem Tisch liegen, Vorrang hat. Die meisten bürokratischen Institutionen fangen mit hohen Idealen und einem gewissen vibrierenden Optimismus an. Nach und nach schleicht sich jedoch das Eigeninteresse der Organisation ein. Löhne, Vorteile bei der Gesundheitsfürsorge, Renten, Dienstreisen und Aufstieg durch Weiterbildung werden zu ihren vorrangigen Zielen. Geringe Risikobereitschaft und der Erhalt ihrer Arbeitsplätze beeinflussen das Denken der Bürokraten, und es ist sehr selten, dass man einen Mutigen findet, der seine eigene Position grundsätzlich in Frage stellt. Es ist ein Amoklauf der Hierarchie, eine völlige Umkehrung der ursprünglichen Ideen.

Die Öffentlichkeit beklagt sich ständig über "die Bürokraten", ihre Kosten, ihre Ineffektivität und ihr wucherndes Anwachsen, und dennoch beherrscht Bürokratie weiterhin unser Leben und wächst weiter, trotz des Schadens, den sie bei den Bürgern in aller Welt anrichtet. Warum ist das so? Die Antwort ist einfach: Diese Organisationen wurden *nicht* gegründet, um der Menschheit zu dienen; sie wurden gegründet, um den Interessen der Dunklen Mächte zu dienen.

Die Bürokratisierung der Welt

In den Jahren nach dem II. Weltkrieg kam es zu einem besonders ausgeprägten Anwachsen bürokratischer Institutionen. Die Großmächte China und Russland, die sich dem Kommunismus zuwandten, schufen riesige totalitäre Regierungapparate und öffentliche Dienste, die buchstäblich alle Aktivitäten im Land und jeden Aspekt des täglichen Lebens jedes einzelnen Bürgers kontrollierten. Die Ausbreitung des Kommunismus nach Osteuropa, auf den Balkan, die Baltischen Staaten, Nordkorea, Nordvietnam und Kuba führte zu massiven Bürokratien selbst in den kleinsten Ländern.

Diesem Trend schlossen sich die demokratischen sozialistischen Bewegungen in Europa an, die mehr Sozial- und Gesundheitssysteme schufen, Regierungsbehörden und halböffentliche Unternehmen sowie neue bürokratische Verordnungen zusätzlich zu den bereits vorhandenen, mit dem Ziel, Kapitalismus und Sozialismus zu verschmelzen. Das Ergebnis war die Entwicklung noch größerer staatlicher Bürokratien, die sowohl die Regierungstätigkeit als auch Wirtschaft und Handel beherrschten.

In den 50iger und 60iger Jahren kämpften nationale Befreiungsbewegungen darum, britische, französische, spanische, holländische und portugiesische Kolonien von ihren Kolonialherren in den Metropolen zu befreien und schufen eine Reihe neuer Länder in Asien, Südasien und Afrika. Diese von leninistisch- antiimperialistischer Ideologie durchtränkten Länder neigten dazu, ausufernde staatliche Bürokratien zu übernehmen, gemäß den sozialistischen oder kommunistischen Vorbildern. Schwerfällige bürokratische Apparate entstanden in Ländern, die kaum dazu in der Lage waren, ihre eigene Bevölkerung zu ernähren.

In den Ländern der so genannten freien Welt wuchsen die föderalen, staatlichen, lokalen und Provinz-Bürokratien in einem nie zuvor gekannten Maß an. Auf nationaler Ebene erhöhte der Kalte Krieg die Notwendigkeit, riesige Militäreinrichtungen zu unterhalten, während die Bürger nach mehr Intervention des Staates in allen Lebensbereichen riefen. So kam es dazu, dass Regierungen mit wenig Bürokratie, mehr und mehr dazu übergingen, die schwerfälligen bürokratischen Strukturen vom Rest der Welt zu übernehmen.

Als wären diese schwerfälligen nationalen Regierungen noch nicht genug, machte die Nachkriegseuphorie den Weg frei für einen neuen Idealismus, dass ein neues Zeitalter weltweiten Friedens erreichbar wäre. Kriegsmüde Nationen gründeten die Vereinten Nationen, ein übernationales Netzwerk mit Exekutiv-Behörden in den Bereichen Politik, Soziales, Kultur, Landwirtschaft, Bankenwesen, Investment Banking, Finanzen und Technik, das die Welt schließlich mit noch mehr überflüssiger Bürokratie überzog.

Das Ganze wurde dadurch verschlimmert, dass jede Region regionale übernationale Organisationen ins Leben rief, wie zum Beispiel die Organisation Amerikanischer Staaten, die Organisation Afrikanischer Staaten, die Assoziation Südostasiatischer Nationen ASEAN, die Europäische Gemeinschaft, um die herum sich jeweils eine weitere Schicht regionaler internationaler Bürokratie bildete. Die europäischen Bürger, die bereits unter dem Gewicht ihrer unersättlichen nationalen Regierungsapparate ächzten, schufen dennoch eine weitere Schicht mit der Europäischen Union. Und die NATO, ihrer

Stellung als anti-sowjetischer Block verlustig, überlebte, indem sie neue Mitglieder, einige davon aus den früheren sowjetischen Blockstaaten, für den Beitritt zu einem noch größeren und kostspieligeren Verteidigungsbündnis warb.

Zusätzlich zu diesen "offiziellen" Regierungsbehörden schossen überall aus vermeintlichem Goodwill Wohlfahrtsverbände hervor. Die Römisch-Katholischen, die Anglikanischen, die Episkopalen und die Kirchengemeinden der Baptisten weiteten ihre Dienste weltweit aus. Diese religiösen Non-Profit Wohlfahrtsorganisationen häuften unermessliche Reichtümer an, alle mit dem Anspruch, einen Teil an die Armen und Bedürftigen zu verteilen. Einige dieser Organisationen erstrecken sich um den gesamten Erdball und sind in einigen Fällen vermutlich einflussreicher als ihre nationalen Regierungen. Die internationale Vereinigung der weltweiten Nonprofit-Organisationen listet mehr als zwanzigtausend dieser Verbände auf.

Die meisten bürokratischen Organisationen wurden ausgehend von bestimmten Prinzipien oder Idealen gegründet. Doch bald nach ihrer Gründung werden sie von den Dunklen Mächten infiltriert und jeglicher vielleicht ursprünglich vorhandene Idealismus wird sabotiert. Die Vereinten Nationen sind das beste Beispiel dafür. Letztlich werden diese Organisationen alle neutralisiert, indem man sie aufbläht und somit nutzlos und ineffektiv macht, während die weltweiten Ressourcen von einer hungernden Welt abgezogen werden.

Missstände in mächtigen Behörden

Die meisten Behörden haben drei Arten von Angestellten auf verschiedenen Ebenen. Im oberen Drittel der Manager und Führungskräfte operieren die Dunklen Mächte. Oft sehr ehrgeizig und als Manager für das Allgemeinwohl posierend, kanalisieren sie Steuereinnahmen, um die laufenden Unterhaltskosten des bürokratischen Apparats zu decken und zum Zweiten die Behördenprogramme am Laufen zu halten. Sie führen ein angenehmes Leben mit Chauffeur, Privatflugzeug und Villa und genießen alle Annehmlichkeiten der Reichen und Privilegierten. Ihr Status und ihre Unterschrift erlauben es ihnen, zu verschiedensten Zwecken Billionen von Dollar rund um die Welt zu bewegen.

Das zweite Drittel der Bürokraten besteht aus relativ idealistischen Individuen, die das technische Rückgrat der Organisation bilden. Als Experten auf ihrem jeweiligen Gebiet mit guten bis edlen Absichten, zumindest zu Beginn, lernen sie bald, dass für ihre Ideale kein Platz in dieser Bürokratie ist, und ihr wachsender Zynismus wird zu einer Gefahr für das obere Drittel. Um sie versöhnlich zu stimmen, garantiert ihnen das Top-Management ständig steigende Bezüge, Arbeitsplatzsicherheit, wie es sie sonst nirgendwo auf der Welt gibt, Beförderungen nach Dienstalter und lebenslange Rentenbezüge. Nur wenige auf dieser zweiten Ebene sind bereit, diese Sicherheit aufzugeben um ihren Idealen treu zu bleiben.

Das letzte Drittel besteht aus den Angestellten der Administration, die den Rückhalt der Organisation bilden. Sie sind die Entbehrlichen, besonders in Zeiten wirtschaftlicher Rezession. Auf dieser Ebene expandiert die Bürokratie und verkleinert sich wieder, wobei die anderen Ebenen relativ unangetastet bleiben; trotz dieser augenscheinlichen Veränderung von Zeit zu Zeit, wächst die ausufernde Bürokratie weiter an, insbesondere während Krisen und Kriegen.

Im oberen Drittel können wir beobachten, wie die Dunklen Mächte in Schwung kommen. Sie sprechen dieselbe Sprache und treten für dieselben Ziele ein wie die übrigen Kollegen in ihrer Behörde. Ehrgeizig und machthungrig steigen sie bis zur Spitze auf und räumen alles beiseite, was sich ihnen in den Weg stellt. Sie schaffen es ausnahmslos bis an die Spitze. Auf dieser Ebene spielt sich auch die geheime Bewegung der Steuergelder ab, den dies ist unterschwellig das Hauptziel dieser Behörden. Die Abteilungen, Ministerien oder Behörden, die sich um Außenpolitik, die internationalen Geheimdienste, den diplomatischen Dienst, Auslandshilfe, die Verbindung mit den internationalen Organisationen, alle Bereiche des Militärs und den internationalen Agrarhandel kümmern, verfügen über die Freiheit, Grenzen zu überschreiten, die der gewöhnliche Bürger nicht besitzt. In jeder Regierung der Welt gibt es gleichartige Behörden, die als Gegenstück wirken, so dass jederzeit Kontakt möglich ist. Die Vereinbarungen über diplomatische Immunität erlauben viel an Geheimhaltung - geheime Budgets, Projekte und Kapitalbewegungen - die der Öffentlichkeit für immer verborgen bleiben.

Während durch diese "offiziellen" Kanäle Kapital bewegt wird, dient die Arbeit der unteren zwei

Drittel der Öffentlichkeit gegenüber als "Schaufenster" der bürokratischen Organisationen. Wenn die Öffentlichkeit die Dienste verlangt, die sie angeblich leisten sollen, ziehen es die Bürokraten oft vor, nicht zu handeln oder mit einem Mindestaufwand an Energie, bestimmte Belange zu blockieren oder zu verschleppen. Versunken im Sumpf interner, *selbst auferlegter* Verordnungen und Verfahren, haben nur wenige die Energie oder den Wunsch, all diese Hindernisse zu überwinden und der Öffentlichkeit von Nutzen zu sein.

Da interne bürokratische Erlasse immer mehr Vergünstigungen erlauben, versucht der behaglich existierende Bürokrat zu bewahren, was er hat. *Auf diese Weise wird das Überleben der Bürokratie zum obersten Ziel.* Gehälter, Nebeneinnahmen und Rentenpakete gewinnen mehr Bedeutung als irgendein hochfliegendes Ziel im öffentlichen Dienstleistungssektor. Während einer ernsthaften wirtschaftlichen Rezession verlangten die Regierungsbeamten in einem US-Staat eine Gehaltserhöhung ohne Rücksicht auf die Härte, die dies für die Bürger des Staates bedeuten würde. Und in diesen Zeiten des Umbruchs bis zum Jahr 2012 werden immer mehr Angestellte des öffentlichen Dienstes versuchen, höhere Löhne zu fordern, trotz der ökonomisch harten Zeiten für die Bevölkerung, der sie eigentlich zu Diensten sein müssten.

Um ihren geheimen Tätigkeiten nachzugehen, ist es für das obere Drittel nur allzu sehr an der Tagesordnung, die beiden unteren Drittel der Bürokratie insgesamt von jeglicher relevanten Kommunikation abzuschotten und dadurch zwei getrennte Organisationen innerhalb ein und derselben Behörde zu schaffen. Die Bürokraten des obersten Drittels bekommen die besten regierungseigenen Villen, fahren teure Autos, halten Seminare in exklusiven Country Clubs und Hotels ab und reisen in Privatjets durch die Welt, all das namentlich im Dienste der Menschheit. Staatliche Behörden sind die verschwenderischsten, die es heutzutage auf der Welt gibt. Selbst in einigen der am wenigsten entwickelten Länder der Erde sind Kaviar und Alkohol unter den Bonzen an der Tagesordnung, während die verarmte Bevölkerung durch die Gitter der Gartentore späht und das Wohlstandspektakel vor Augen hat.

Falsch gesetzte Prioritäten

Abgesehen von den heimlichen Ausgaben, die Behörden jenseits der öffentlichen Wahrnehmung tätigen, müssen sie entscheiden, wie die Regierungen die Steuereinnahmen ausgeben sollen. Selbst wenn ihre Entscheidungen den Stempel von Kongress oder Parlament tragen, so heisst das nicht, dass sie den Willen des Volkes widerspiegeln. Es entbehrt nicht der Ironie, dass die einzige Supermacht, die aus dem Kalten Krieg hervorging, sich am meisten von Terrorismus bedroht fühlen muss. Die Billionen, die für Forschung, Bau und Unterhalt einer High-Tech-Rüstung und Militärstruktur aufgewendet werden mussten, während Millionen von Erdenbewohnern am Rande des Verhungerns leben, verstößt gegen jegliche normale Logik.

Andere Regime auf der Welt halten ihre Bevölkerungen heutzutage in einem Zustand äußerster Armut, so dass diese zu schwach sind, um

Widerstand zu leisten, das heisst, sie enthalten den Menschen das vor, was man mit Geld kaufen könnte - Nahrung, Medikamente, Kleidung, Behausung und sauberes Trinkwasser - um die Grundbedürfnisse zu befriedigen. Wir sehen uns ferner ganzen Kontinenten von Menschen gegenüber, die an Seuchen und Hunger sterben, während andere Länder mit Milliarden von Dollar ihre Raumfahrtprogramme alimentieren, um Felsbrocken von anderen Planeten zu holen.

Ziehen wir die aus Atlantis stammenden Wurzeln dieser Entscheidungen in Betracht, so verstehen wir, dass diese finanziellen Prioritäten nicht dazu beitragen, der Menschheit zu dienen, sondern lediglich den Dunklen Mächten.

Die Erfindung der Bürokratie: Ein Instrument der Finsternis

In den Entwicklungsländern, wo eine Zentralregierung die Hauptrolle auf wirtschaftlichem, sozialem und politischem Gebiet spielt, haben wir schlagende Beispiele dafür, wie Bürokratie buchstäblich alle Ressourcen aus einem Land abfließen lassen und es zu einem Vassall mächtigerer Nationen machen kann. Ein Land, dessen bürokratische Strukturen von ausländischer Hilfe abhängen, kann nichts anderes tun, als sich dem Stärkeren zu unterwerfen.

Heutzutage haben die Entwicklungsländer, die kaum genug Ressourcen zum Überleben besitzen, bürokratische Monster geschaffen, die ihre Bürger noch weiter verarmen lassen, bis zu dem Punkt, an dem selbst das Eintreiben von Steuern mit Waffengewalt nur wenig einbringt. Es gab eine Zeit, zu der auf diesen Territorien genug Nahrungsmittel für die Bevölkerung produziert wurden. Jetzt existieren viele Länder primär von den Zuwendungen der reichen Länder in Form von Auslandshilfe und Krediterlass.

Eine Stellung innerhalb des Regierungsapparats ist ganz offensichtlich eine Eintrittskarte zum Wohlstand. Regierungsmitglieder transferieren heimlich das, was vom Wohlstand ihrer Länder oder von den "Geschenken" der Auslandshilfe übrig geblieben ist, auf Schweizer Privatkonten, während ihre verarmten Landsleute ehrfürchtig über diese Kühnheit sprechen und sich wünschen, sie könnten dasselbe tun. Ist es nicht seltsam, dass einige der reichsten Menschen auf der Welt aus einigen der ärmsten Nationen dieser Erde stammen? Während sie in Palästen hausen, kämpfen ihre Mitmenschen um ihr tägliches Brot.

Einige Länder sind so weit herunter gekommen, dass selbst die Bürokraten nicht mehr bezahlt werden. Doch selbst dann behalten die Bürokraten einen Teil ihrer Macht, so dass ihre Mitbürger ihnen Geschenke unter dem Tisch zuschieben müssen, um selbst von bestimmten Regierungsleistungen Gebrauch machen zu können. Die langen Reihen von Armen, die versuchen von den Sozialeinrichtungen ihrer Regierungen wenigstens eine Basisversorgung zu erhalten, ziehen sich quer über den ganzen Globus als treffendes Symbol für die völlige Missachtung, die diese Behörden für das Wohlergehen der Menschen zeigen, denen sie eigentlich zu Diensten sein müssten. Die Arroganz des behaglich lebenden Bürokraten, wie er Hindernis um Hindernis vor dem einfachen Mann aufbaut, der ihn um Hilfe ersucht, malt ein noch ergreifenderes Bild davon, dass diese Organisationen nichts anders sind als feindliche Strukturen, die eher NEHMEN statt GEBEN.

Von einer höheren Warte aus betrachtet, lindern Bürokratien nicht die Nöte der Bedürftigen, sondern gieren nach Macht und Geld, in Form von *Bakschisch, Guanxi, Furcht und Unter-dem-Tisch-Zahlungen.* Sie sind Instrumente, die dazu dienen, Geld von den tatsächlichen Problemen, die die Welt bewegen, wie Hunger und Krankheit, weg zu verlagern. In jüngster Zeit hat selbst erzeugter Terrorismus in den reichen Ländern unter den Bürgern aller Nationen soviel Furcht verbreitet, dass die Behörden sich selbst immense Geldsummen für Sicherheit und Verteidigung zugeteilt haben, fast ohne Opposition oder Widerstand seitens der Bevölkerung, und dies während die fundamentalen Probleme der Welt weiter schwären.

Aber alle sollten wissen, dass diese nationalen und internationalen Bürokratien nicht notwendiges Resultat der menschlichen Evolution sind oder eine Antwort auf den modernen Lebensstil, wie es uns mache gern glauben machen möchten. Was sie an Ressourcen verschlingen, übertrifft bei Weitem die Hofhaltung der prunkvollsten Monarchien in der Menschheitsgeschichte. In Wahrheit sind sie Verirrungen und Verzerrungen vom Konzept der Hierarchie, das hydraköpfige Ungeheuer, von dem in der Bibel die Rede ist, dessen Hauptfunktion in der Rechtfertigung der immer weiter wachsenden Steuereinnahmen besteht, die im Schornstein zu allen möglichen betrügerischen Zwecken verpuffen.

Während die Probleme der Erde ohne augenscheinliche Lösung weiter verschleppt werden, haben die großen bürokratischen Strukturen auf Erden ihre eigene Welt erschaffen. Wie Parasiten entziehen sie der Menschheit Geld und Ressourcen und verteilen dann das Kapital neu, um es für ihre finsteren Zwecke zu nutzen. In gewisser Weise bezahlt die Weltbevölkerung die Bürokratien zur eigenen Unterdrückung! So wie dieser kosmische Kreislauf sich dem Ende zuneigt, und die Erde sich zu ihrer allgemeinen Erleuchtung hin entwickelt, wird die Menschheit hoffentlich aufgerüttelt werden und sich den ständigen Rechtfertigungen und Forderungen der Bürokratien nach mehr Steuern mental widersetzen, denn allein Geld erhält diese Bürokratien am Leben. Beraubt man sie ihres Lebenselixiers, verdorren sie, und neue Formen einer Dienstleistungsorganisation können zu Tage treten.

Gemäß dem kosmischen Gesetz sagt man "ja" durch Unterlassung, solange man schweigt. Wenn man einer Sache nicht widersteht, sie nicht zurückweist oder "nein" sagt, so stimmt man ihr in schweigendem Einvernehmen zu. Dennoch besteht keine Notwendigkeit, dass man sich verhaften oder wegen dieser Form des Protests ins Gefängnis werfen lässt. Wenn wir alle von der Gottheit abstammen, können wir als Götter und Göttinnen der List der Dunklen Mächte, mit denen sie uns das Geld aus der Tasche ziehen wollen, entschlossen Widerstand leisten, und ihr werdet euch wundern, wie stark die Kraft eurer Gedanken ist, diese aufzuhalten. Es ist nur diese träge Geistesverfassung schafsgleicher Hinnahme, die ihnen *carte blanche* dafür gibt, zu tun, was sie wollen.

Der Ausverkauf der Nationen: Die nationale Verschuldung

Die meisten von uns haben sich schon irgendwann einmal Geld geliehen. Wenn man ein Haus auf Kredit kauft, unterschreibt man einen Hypothekenbrief bei einer Bank oder einem Kreditgeber, mit dem man sich für zwanzig oder gar dreissig Jahre verschuldet. Kauft man ein Auto auf Kredit, verschuldet man sich auf drei bis fünf Jahre. Die meisten Leute versuchen, diese Schulden zu begleichen. Aber wenn man zum Beispiel den Kredit nicht tilgt, wird der Kreditgeber das Wohneigentum einziehen und einen auf die Strasse setzen. Wenn Sie die Raten für Ihr Auto nicht tilgen, wird Ihnen der Kreditgeber "Ihr" Auto wegnehmen. So schwebt das Damoklesschwert des Kreditgebers stets über einem, und man fühlt sich ihm gegenüber verpflichtet.

Heutzutage leihen sich Länder rund um die Welt Billionen von Dollar von unbekannten Leihgebern. Es ist nur logisch, anzunehmen, dass diese Leihgeber ihrerseits einen enormen Einfluss auf die Führer der verschuldeten Länder ausüben, genug Einfluss, um selbst den Präsidenten des mächtigsten Landes der Erde zu einer reinen Marionette zu machen.

Im Verlauf des 20.Jahrhunderts haben die meisten Nationen auf der Welt dem Gold abgeschworen. Das bedeutet, dass es nicht länger notwendig war, eine Währung mit Goldbarren abzusichern. Stattdessen druckten und prägten Staaten ihr eigenes Geld auf Papier bzw. billigen

Metallen und erklärten diese Produkte für wertvoll. Der Staat würde diese Währung durch eine gute Finanzpolitik stützen, und dies würde Lieferanten und Verbraucher beim Handelsaustausch auf dieses Papier vertrauen lassen.

In jüngster Zeit wurde Bargeld als Zahlungsmittel hinfällig. Gegenwärtig findet Handel mit Zahlungsmitteln in weitaus flüchtigerer Form statt, primär mit elektronischem Geld- bzw. Buchungstransfers sowie Kreditkarten. Dadurch sind die Geldströme sogar noch flüssiger geworden. Riesige Geldsummen können binnen Sekunden von einem Ende der Welt zum anderen transferiert werden und bei gekonnter Manipulation per Mausklick verschwinden oder wieder auftauchen.
Der Gebrauch von Bargeld in Form von Banknoten und Münzen wird der breiten Masse zur Erledigung ihrer Tagesgeschäfte überlassen, aber selbst in diesem Bereich verwenden die Leute Kreditkarten für ihre täglichen Basiseinkäufe. In der Tat wird heute jeder, der zuviel Bargeld bei sich trägt oder damit bezahlt als Geldwäscher oder Drogen- bzw.Waffenhändler gebrandmarkt.

Sobald sie die Absicherung durch Gold hinter sich gelassen hatten, nutzten die Regierungen die weniger restriktiven Bedingungen, um ihre Ausgaben exponentiell zu erhöhen, denn alles, was sie tun mussten, war zu drucken oder prägen, was immer sie brauchten. Mit dem Aufblühen der Bürokratien blähten sich auch ihre Verwaltungs- und Projektbudgets bis zu dem Punkt auf, dass die von den Regierungen erhobenen Steuern nicht mehr ausreichten, um deren Ausgabevolumen zu decken. Sie lernten, dass nur Geld zu drucken, um diese Ausgaben zu decken, zu Inflation, Abwertung der Währung und einen Vertrauensverlust in die Stabilität führen würde.

Um den alljährlichen Fehlbetrag im Haushalt auszugleichen, beschlossen die Regierungen, das zur Deckung des laufenden Defizits nötige Geld von den Finanzmärkten zu leihen. Die US-Regierung gab zum Beispiel Schatzbriefe heraus, Schuldscheine mit langer Laufzeit sowie Bürgschaften und ergriff weitere ad hoc Maßnahmen in Form weiterer Schuldscheine für jeden, der ihr Geld leihen würde und versprach im Gegenzug gute Zinsrendite. Bis zum heutigen Tag hat das US- Finanzministerium auf den weltweiten offenen Finanzmärkten 44 Billionen Dollar auf diese Art und Weise ausgegeben und zahlt eine jährliche Zinslast von ca. 400 Milliarden Dollar oder 1,5 Milliarden Dollar täglich! Und diese Schulden wachsen weiter. Die US-Regierung ist so sehr verschuldet, dass auch die Dollarnote selbst ein Dokument der Verschuldung ist, bekannt als Federal Reserve Note. Die USA sollen uns wegen der Höhe der Schuldenlast als Beispiel dienen, aber es steht ausser Zweifel, dass heutzutage jedes Land der Erde verschuldet ist.

In den 90igerJahren, als große Spekulationen an der Tagesordnung waren, waren die Staatsanleihen bei den konservativsten Investoren nicht sehr beliebt, dennoch kaufte irgend jemand alles auf. Die US-Regierung weist darauf hin, dass 55% der Schuldscheine von privaten Investoren gehalten werden, während der Rest aus der Beleihung der Sozialversicherung stammt. Dies ist nur ein Beispiel.

Während die nationalen Führer die

Vermögenswerte des Landes an unbekannte Gläubiger verhökert haben, verlangen sie weiter Steuern von den Bürgern, um die Zinsen für diese Hypotheken abzutragen. Billionen von Steuermitteln fließen direkt aus den Taschen der Steuerzahler in Form von Zinszahlungen in die Tresore dieser Gläubiger. Viele Leute zucken mit den Achseln, wenn sie mit diesem Problem konfrontiert werden, denn es fällt ihnen schwer zu begreifen, dass eine Regierung bankrott gehen kann, besonders wenn sie die Macht hat, von ihren Bürgern zwangsweise Steuern einzutreiben, wann immer sie mehr Mittel benötigt.

Dennoch scheint niemand die sachdienlichste aller Fragen zu stellen: WEM GEGENÜBER IST DIE REGIERUNG VERSCHULDET? Mit anderen Worten, welche Mächte leihen den Nationen Billionen über Billionen Dollar? Kann es sein, dass dieses gesamte System der Verschuldung bewusst geschaffen wurde?

Die Antwort auf diese simple Frage wird eine unvorstellbare Macht enthüllen- die Dunklen Mächte- die die Vermögenswerte unserer jeweiligen Länder besitzen! Und wie alle Gläubiger haben sie eine unerhörte starke Verhandlungsbasis der politischen Führung jedes Landes gegenüber, wenn es darum geht, ihre Ziele zu erreichen. Eines der schockierendsten Beispiele für diese Macht ist das, was Präsident Kennedy passierte. Da er sich weigerte, die USA in den Vietnamkrieg zu führen, wurde er kurzerhand am helllichten Tag vor den Augen der Weltöffentlichkeit hingerichtet.

Geld zu leihen ist nie umsonst. Die Regierung muss Zinsen auf die nationale Verschuldung zahlen, und um das Geld für die Zinsen aufzubringen, erhebt sie Steuern von den Bürgern. Jeder Steuerzahler zahlt im wesentlichen eine indirekte Steuer (die Zinsen) an die Dunklen Mächte. In den USA addiert sich die Zinszahlung für die Verschuldung auf $ 3,3 Billionen jährlich, und sie wächst von Monat zu Monat.

Doch auch wenn Ihnen Ihre Regierung nie die Wahrheit über diese Lage sagen wird, bitten wir Sie lediglich, Ihre Phantasie ein wenig spielen zu lassen und etwas Logik anzuwenden. Wenn Sie der Führer eines Landes wären, wären Sie dann nicht der Person oder Organisation verpflichtet, die Billionen von Dollar der Hypothek Ihres Landes hält? Die Antwort liegt auf der Hand, denn der Gebrauch von der Möglichkeit, jederzeit die Begleichung einer derartigen riesigen Schuld einzufordern, würde zum unmittelbaren Zusammenbruch der gesamten Volkswirtschaft eines Landes führen!

Heutzutage gibt es Beispiele von Regierungen in Südamerika und Afrika, die derart verschuldet sind, dass sie ihre Zinsen nicht mehr aufbringen können. Sie sind faktisch bankrott, und in dem Kampf, ihren Verpflichtungen ihren Gläubigern gegenüber nachzukommen, haben sie sich buchstäblich gegen ihre eigenen Bürger gewandt und deren Ersparnisse beschlagnahmt. Diese Länder nehmen die Zukunft jener Länder vorweg, die den Dunklen Mächten noch anheimfallen werden, denn diese werden so lange weitermachen, bis sie jede Nation ihrer Ressourcen beraubt haben.

Machen Sie sich klar, dass diese Situation real ist und beginnen Sie sich oder Ihre Regierungsvertreter einfach zu fragen, "Wer besitzt die Schuldscheine meines Landes? Wann wurden diese Schulden gemacht? Warum wurden wir nicht konsultiert, ehe unser Land oder unsere Gemeinde Schulden machte?" Die Antworten würden Sie erschrecken, denn die meisten würden vorgeben, es nicht zu wissen.

Wenn Sie Ihr Recht ausüben, diese Fragen zu stellen, beschwören Sie die Macht der Bruderschaft, in den oberen Sphären, gegen diese ungeheuerliche Tatsache einen Feldzug zu führen, denn sobald diese Schlacht geschlagen ist, wird der Schleier der Unwissenheit auf der Erde nach und nach gelüftet werden und das Joch, unter dem die Dunklen Mächte jede Nation halten, wird abgeschüttelt werden. Die Leute werden aufwachen und das Ausmaß dieses Problems begreifen.

Es liegt auf der Hand, dass jede Organisation, die über Billionen von Dollar verfügt, die sie Regierungen leiht, eine wahrliche Macht darstellt. Es liegt ebenso auf der Hand, dass diese Mächte die Welt fest im Griff haben, bis zu dem Punkt, dass sie bestimmen können, welchen Kurs Nationen einschlagen, unabhängig davon, was deren Bürger wollen. Dies ist einer der Gründe, warum die Vereinten Nationen nutzlos geworden sind, denn es ist nicht der Wille ihrer Gemeinschaft von Nationen, der die Dinge in diesen Zeiten vorantreibt, sondern der Wille der Dunklen Mächte. So ist es auch nicht erstaunlich, dass einige Nationen Kriege anzetteln und den lauten Rufen der Weltöffentlichkeit nach deren Beendigung kein Gehör schenken.

Woher nehmen diese Mächte ihre Mittel, um die

unerhört großen Schulden der Nationen zu übernehmen? Eine der Quellen haben wir im Vorangegangenen bereits genannt- das nicht genau zu beziffernde Steueraufkommen. Eine zweite Quelle speist sich aus der Plünderung des Privaten Sektors.

Kapitel 5

Die Plünderung des Privaten Sektors

"Je mehr für mich übrig bleibt, desto weniger bleibt für Dich." *Alice im Wunderland*

Wir haben im Vorhergehenden gesehen, wie es den Dunklen Mächten möglich ist, durch Zwang immense Geldsummen aus Steueraufkommen anzuhäufen und diese durch "offizielle" Regierungsbehörden heimlich für ihre eigenen Zwecke umzuleiten. Anschließend verleihen sie gigantische Summen zurück an die einzelnen Nationen und verdienen weitere Milliarden an Zinsen. Außerdem benutzen sie die nationale Verschuldung als Hebel, um nationale Entscheidungen zu beeinflussen.

Wenn es in der Vergangenheit Despoten und Monarchen nach dem Eigentum ihrer Untertanen gelüstete, beschlagnahmten sie es entweder durch königlichen Befehl, oder der Untertan wusste, was gut für ihn war, und er bot es dem König als Geschenk an. In der Zeit nach dem II. Weltkrieg fiel eine Hälfte der Welt unter die Herrschaft kommunistischer Diktaturen, die kurzerhand im Namen des Volkes, das durch den Staat repräsentiert wurde, sämtliche Besitztümer beschlagnahmten. In der Quintessenz nahmen die nationalen kommunistischen Parteien und ihre

Diktatoren den Platz der Despoten aus der Vergangenheit ein und bedienten sich nach Belieben beim Volk.

In den westlichen Demokratien, wo sich ein immer größerer Teil des weltweiten Reichtums konzentrierte, ist das Recht des Individuums auf Privatbesitz und bewegliches Eigentum gesetzlich geschützt und Teil des kapitalistischen Systems, so dass die Dunklen Mächte die Menschen nicht so einfach enteignen konnten. Bei ihrem Wirken in der so genannten Freien Marktwirtschaft erfanden die Dunklen Mächte mit großem Einfallsreichtum Mittel und Wege, um den Menschen ihr Vermögen abzunehmen. Ihr Zielgebiet waren im wesentlichen die USA und Westeuropa und seit kurzem auch die sogenannten Tigerstaaten in Südostasien und Ostasien (Taiwan, Hongkong, Singapur, Südkorea und Thailand), wo sich ein Großteil des weltweiten Reichtums konzentriert.

Drei Rohölschocks

Schock # 1

Getreu ihres Atlantischen Erbes haben die Diktatoren, Monarchen oder militärischen Machthaber, die die Spitze des OPEC Öl-Kartells ebenso wie die gesichtslosen CEOs und Aufsichtsräte der weltweit größten Erdölproduzenten dominieren, besser bekannt als die Sieben Schwestern, ungezählte Billionen in ihre eigenen Taschen gewirtschaftet, ohne Probleme und bemerkenswerterweise mit der Einwilligung der meisten Regierungen auf der Welt.

Der erste große Geldtransfer der Nachkriegszeit begann in den frühen 70iger Jahren mit der Ölkrise. Die Herrscher der Erdöl produzierenden Länder, die sich als Kartell, bekannt unter dem Namen Organisation der Erdöl exportierenden Länder (OPEC) zusammengefunden hatten, transferierten in betrügerischen geheimen Einvernehmen mit den Sieben Schwestern heimtückisch Billionen Dollar aus aller Welt auf ihre Schweizer Bankkonten, indem sie ganz einfach die Produktion manipulierten, um den Rohölpreis künstlich hoch zu halten. Der Großteil dieses Transfers kam aus den westlichen Demokratien, die zu dieser Zeit am Erblühen waren. Die ärmeren Länder, die gleichfalls vom Öl abhängig waren, litten stark darunter.

Um das Leiden des einzelnen Konsumenten zu verdoppeln, ergriffen nationale Regierungen die Gelegenheit, hohe Benzin- und Umweltsteuern auf die bereits kräftig gestiegenen Rohöl- und Benzinpreise aufzuschlagen, vorgeblich um den Verbrauch und die Abhängigkeit von Produkten der Erdölindustrie zu verringern. Steuern auf Benzin erhöhten den Benzinpreis in einigen Teilen der Welt bis zu fünfzig Prozent und verhalfen den Regierungen zu größeren Steuereinnahmen. Diese Taktik führte jedoch nicht zu einem geringeren Verbrauch, denn die weltweite Abhängigkeit von Rohöl bleibt in der Tat zu allen Zeiten äußerst hoch.

Schock # 2

Nachdem sich sowohl die Regierungen als auch die Ölindustrie in der Frage des Ölpreises positioniert hatten, gewöhnte sich die Welt innerhalb eines Zeitraums von fünfundzwanzig

Jahren nach und nach an höhere Energiepreise und die Wirtschaft erholte sich wieder. Die höheren Preise führten jedoch zu weiterer Förderung und lockten Nicht-OPEC Produzenten. Im Jahr 1998 war der Ölpreis gefallen, da weitere Nicht-OPEC Produzenten auf den Rohölmarkt getreten waren. Der Rückgang vollzog sich in einer Zeit relativen Wohlstands sowohl im Osten als auch im Westen und rechtfertigte einen weiteren massiven Kapitaltransfer. Das OPEC-Kartell verknappte im heimlichen Einvernehmen mit den Sieben Schwestern erneut die Ölförderung, um eine künstliche Verknappung herzustellen, die zu einer Verdreifachung des Rohölpreises führte. Diesmal sprangen die Nicht-OPEC Ölproduzenten, die durch den gefallenen Ölpreis in Bedrängnis geraten waren, auf den fahrenden Zug auf. Die staatlichen Steuern, die prozentual an den Rohölpreis gebunden waren, stiegen gleichermaßen.

Der zweite Wohlstandstransfer war wohl getimt, denn er fiel mit den Wilden Neunzigern (1990-2000) im Westen zusammen, als eine aufsteigende Börsenblase einen Schock sowohl vor dem Westen als auch vor den aufblühenden Volkswirtschaften in Asien verbarg. Zu diesem Zeitpunkt waren die Konsumenten bereits an ständig steigende oder schwankende Ölpreise gewöhnt, aber zu dieser Zeit waren ihre Taschen voll mit den Gewinnen der Börsenblase.

Die ärmeren Länder der Welt litten gewaltig, obwohl die OPEC eine Kompensation durch ausländische Hilfszahlungen vornahm.

Schock # 3

Der letzte Schlag wurde mit dem Irakkrieg von 2003 ausgeführt. Jenseits der rhetorischen Beteuerungen von der Demokratisierung des Mittleren Ostens liegt der Hauptgrund für diesen Krieg in der Kontrolle der Ölförderung. Die Sieben Schwestern wollen nicht länger in heimlichem Einvernehmen ihre Profite mit den korrupten Regierungen der OPEC Staaten teilen. In diesen Tagen wahnsinniger Beschleunigung streben die Sieben Schwestern die volle Kontrolle über die weltweiten Ölvorkommen an. Durch die Kontrolle über die gewaltigen Ölreserven des Irak und den Wiederaufbau der Ölförderungsindustrie, um diese Reserven auszubeuten, beabsichtigen die Sieben Schwestern, soviel Öl zu fördern, wie notwendig ist, um den weltweiten Rohölpreis zu drücken und das Monopol der OPEC Staaten aus dem Geschäft zu drängen. Dann werden sie die völlige Kontrolle über die weltweite Förderung und den weltweiten Vertrieb von Öl erlangen und somit die Weltwirtschaft beherrschen. Dieser letzte Coup wird jedoch nicht gelingen und trägt in sich den Keim für die Entscheidungsschlacht, den III. Weltkrieg, der viele der verborgenen Dunklen Mächte ans Licht bringen und sie von der irdischen Ebene vertreiben wird.

Die Plünderung der lebenslangen Ersparnisse der Menschen

Viel von dem Reichtum, der sich im Westen in den Nachkriegsjahren angesammelt hat, wurde in persönlichen Sparguthaben "geparkt" sowie in steuerbegünstigten Rentenanwartschaften der alternden Baby-Boomer Generation. Umfassende

Pensionsfonds, staatliche Pensionskassen, betriebliche Pensionskassen, die Sozialversicherung, private Sparguthaben und Immobilien Investment Fonds addierten sich für eine Generation, die sich für einen angenehmen Lebensabend rüstete, in Billionenhöhe. Zusätzlich vererbten die Eltern dieser Baby-Boomer ihren Kindern beträchtliche Vermögenswerte.

Um sich dieses Geldes zu bemächtigen, ersannen die Dunklen Mächte eine Strategie, um die Menschen dazu zu verleiten, ihre lebenslangen Ersparnisse in den weltweiten Börsenmarkt zu investieren. Bei Niederschrift dieses Buches war das Geld bereits in dem sprichwörtlichen schwarzen Loch verschwunden, so dass zu dem Zeitpunkt, an dem die Öffentlichkeit langsam wach wird, schon mehr als dreißig Billionen Dollar an Orte transferiert worden sind, die im Großen "Schneeballsystem" der Neunziger Jahre nicht bekannt sind - dem größten Vermögenstransfer in der Geschichte der Menschheit.

Das Große "Schneeballsystem" der Neunziger Jahre

Erfinder in den 90iger Jahren brachten uns das Internet und den Personal Computer, zwei Instrumente, die eine entscheidende Rolle im kommenden Zeitalter des Wassermanns spielen werden. Um diese beiden Instrumente auf der Erde manifest werden zu lassen, beeinflusste die Bruderschaft mehrere "Genies", die wiederum kleine innovative Firmen zur Entwicklung von Nutzer - Software und Hardware gründeten. Innerhalb weniger Jahre hatten diese Firmen derart "benutzerfreundliche" Software und Hardware entwickelt, dass weltweit Millionen von Menschen durch das Internet mit einander vernetzt werden konnten.

Einhergehend mit diesen revolutionären Entwicklungen des aufkommenden Wassermannzeitalters spielte sich auf einem Nebenschauplatz der größte Vermögens- und Bargeldtransfer in der Geschichte der Menschheit ab.

Investment-Banken

Investment Banker rund um den Globus bemächtigten sich dieser beiden Erfindungen und gründeten nachgeordnete Firmen, die die Nutzungsrechte für alle diese beiden Erfindungen tangierenden Entwicklungen innehalten sollten. Sie schufen die dot.com Companies aus dem virtuellen Nichts heraus, statteten sie mit jungem, unerfahrenem und inkompetentem Personal aus und brachten sie dann "unter die Leute". Sie boten diese dot.com Company Aktien an der Börse an und versprachen der Öffentlichkeit hohe Renditen für den Investor.

Börsenmakler-Firmen

Börsenhändler in Verbindung mit ihren Börsenmaklerfirmen, die als "Finanzberater" fungierten, gingen mit Aktien dieser neuen Firmen bei privaten Anlegern an den internationalen Börsenmärkten in den Finanzhauptstädten New York, Hongkong, London, Frankfurt, Paris und Taipeh hausieren. Sie warben für diese unerprobten Firmen als Vorboten des Neuen Zeitalters, eines Paradigmenwechsels und versprachen den

Investoren derart hohe Gewinne, dass sie auf die Schnelle Millionäre würden und sich mit komfortablem Einkommen zur Ruhe würden setzen können. Doch die vorsichtigen Erstanleger blieben zögerlich, während die erfahreneren Spekulanten sich in den Markt stürzten. Die wahren Zielpersonen waren jedoch die Zögerlichen, die Milliarden für ihre Altersversicherung beiseite gelegt hatten.

Gemischte Aktienfonds: Anwerben der Zögerlichen durch Deregulierung

Mischfonds gibt seit einigen Jahrzehnten. Das Prinzip ist ganz einfach: Man fasst das Geld von neuen und unerfahrenen Anlegern zusammen und lässt es von einem Experten anlegen. Die Gruppe der Anleger teilt die Profite unter sich auf, abzüglich einer Gebühr für den Manager.

In den 90igern entstanden Tausende dieser Fonds aus dem Nichts heraus. Völlig *unreguliert* unterstanden sie nicht den staatlichen Behörden und konnten somit ihre eigenen Regeln aufstellen. Jeder kann einen Fonds auflegen, und somit wurde viel Schaden angerichtet.

Die Fonds wurden in der Öffentlichkeit als sicherste Möglichkeit verkauft, in einen komplexen boomenden Börsenmarkt zu investieren. Einige Fonds boten ihre Dienste unter dem Vorwand der Altersvorsorge und Finanzplanung an. Ihre Broschüren barsten geradezu vor einer krampfhaft aufgebauschten Juristensprache, die dazu dienen sollte, eine Aura von Legitimität zu verbreiten. Die meisten gingen als selbst ernannte "Portofoglio Manager" auf Kundenfang und versprachen der

Öffentlichkeit solide Investment-Renditen für Wohlstand im Alter.

Die Strategie ging auf, denn es gelang ihnen, Billionen einzunehmen, da ihre Freunde und Nachbarn ihre Sparschweine und Rentenkonten plünderten, um an dem Finanzrausch der 90iger teilzuhaben. Von der Aussicht auf hohe Gewinne elektrisiert, stießen sich blauäugige Anleger nie an der Tatsache, dass die Mischfonds dereguliert waren. Indem sie ihr Geld in einem Mischfonds anlegten, gaben sie die Kontrolle ihres Geldes komplett an den jeweiligen Fondsmanager ab, der keinerlei gesetzliche Verpflichtung hatte, den Anlegern Rechenschaft über sein Tun abzulegen. In der Tat sind Fondsmanager niemandem gegenüber auskunftspflichtig, so dass der Anleger nicht weiß, wieviel er tatsächlich gewinnt oder verliert oder mit wem er überhaupt handelt.

Seltsamerweise fallen gemischte Aktienfonds in eine wahre Grauzone der Rechtssprechung, so in etwa wie die Finanzämter, und dennoch gelang es ihnen, die Öffentlichkeit so zu täuschen, dass ihnen Billionen überlassen wurden. Wie es sein konnte, dass diese gemischten Fonds einige Jahre lang ohne ersichtliche staatliche Verordnungen wuchsen und gediehen, wird Gegenstand späterer Enthüllungen bezüglich des Wirkens der Dunklen Mächte in den nationalen Regierungen und Banken sein.

Dieses Trio - Investmentbanken, Börsenmaklerfirmen und gemischte Aktienfonds - bildeten das Instrumentarium, das den Leuten ihre hart verdienten Ersparnisse für die Absicherung ihrer Zukunft in Billionenhöhe aus der Tasche zog.

Zudem kontrollierten sie bestimmte Medien der Finanzwelt, die aus täglichen 24 Stunden Finanzsendern und Zeitungen bestanden, die eine Art Cheerleader-Truppe an der Außenlinie bildeten, die die Leute hordenweise wild dazu anstachelten, ihre lebenslangen Ersparnisse in Aktien zu stecken.

Das Trio ging dabei folgendermaßen vor: Investment-Banker gründeten Tausende von nicht überlebensfähigen Firmen und verhökerten sie in gemischten Aktienfonds an die Öffentlichkeit. Getäuschte Anleger ließen ihr Geld in gemischte Aktienfonds fließen, und die gemischten Fonds kauften Geschäftsanteile dieser Firmen, die weder etwas produzierten, noch Geschäftserfahrung oder auch nur die Spur von Profitabilität besaßen.

Bei ihrem Ziel, anfänglich hohe Gewinne für die Erstanleger der Aktienfonds zu erzielen, um weitere in den Markt zu locken, steckten sie nach dem klassischen Schneeballprinzip mit den Investmentbanken unter einer Decke.

Mit viel Mediengetöse boten Börsenmaklerfirmen die "öffentlichen Anteile" an einer neuen Internet-Firma an. Nach vorheriger Absprache würden gemischte Fonds riesige Mengen dieser Aktien zu einem niedrigen Preis aufkaufen. Der Zweck bestand darin, den Aktienwert auf dem Markt in die Höhe zu treiben. Durch weitere vorherige Absprache würde ein anderer Fonds einen höheren Preis für diese Aktien bieten, und ein weiterer würde sie schließlich zu einem noch höheren Preis kaufen und so fort. Da die Medien über den kometenhaften Aufstieg der Aktien einer bestimmten Firma berichteten, wollten Millionen von Privatanlegern "auf den Zug aufspringen" und stiegen bei hoch inflationären Preisen für diese wertlosen, mehrere hundertfach überzeichneten Aktien in den Markt ein. Die smarten Mischfonds, die bereits den Preis nach oben getrieben hatten, verkauften diese überteuerten Aktien frohgemut an die privaten Anleger. Da die Aktienpreise stiegen, steckten immer mehr Investoren Geld in die Börse und die Aktienfonds. Je mehr die Leute die Kurse ansteigen sahen, desto eher steckten sie ihre gesamte Altersvorsorge in die Aktienfonds.

Nach dem eine kritische Masse erreicht war, brachen alle Dämme. Freunde und Nachbarn prahlten mit der hohen Rendite aus ihren Aktienfonds. Sie würden sich nun frühzeitig mit einem soliden Einkommen zur Ruhe setzen können. Selbst der zögerlichste Anleger knackte seinen Tresor und steckte seine Ersparnisse fürs Alter in Aktienfonds. Wenn die Leute nicht genug Bargeld besaßen, um Aktien zu kaufen, liehen sie es sich. Es floss derartig viel Geld in den Markt, dass die Fonds, die Investmentbanker und die Börsenmaklerfirmen gar nicht genug dot.com Wunder erschaffen konnten, um die Nachfrage zu befriedigen. Wertlose Aktien erzielten astronomische Preise.

Um die Flut von Ersparnissen zu nutzen, die den Markt überschwemmten, begann das Trio, auf dem traditionellen Industriesektor mit den so genannten Blue-Chips- Aktien zu spekulieren, wobei es in gleicher Weise vorging und künstlich die Aktienpreise hoch trieb und damit die gierigen Zuspätkommer schädigte. Während die Öffentlichkeit im Bann des dot.com Booms war, war man in den Sektoren Telekommunikation, Energie,

Finanzen, Unterhaltung, Öffentlichkeitsarbeit, Banken und Arzneimittel bereits voll damit beschäftigt, ebenfalls mehr von der Altersvorsorge der Menschen abzukassieren.

Über Nacht gab es Millionäre auf dem Papier, die hoch inflationäre Aktien hielten, und Finanzhochburgen freuten sich über eine neue Ära von Wohlstand, die von der New Economy eingeleitet worden war. Privatanleger mit Gewinnen auf dem Papier benutzten ihre Aktienanteile und kauften weitere Aktien, als der Markt seinen Höchststand erreicht hatte, in der Hoffnung, es möge weiter nach oben gehen. Börsenanalysten der Finanz-Fernsehkanäle trieben wie Cheerleader die Anleger von der Seitenlinie aus zu weiteren Käufen an, indem sie nie da gewesene Renditen und eine Verdreifachung der Aktienindizes versprachen. Sie riefen den Wohlstand für alle aus. New York, London, Taipeh, Hongkong usw. boomten.

Edel-Designer-Shops schossen überall aus dem Boden. Trendige Cafés, Restaurants, Discos, exklusive Hotels, Luxus-Kreuzfahrten und noble Airlines umsorgten diese im Boom frisch gebackenen Millionäre auf dem Papier. Endlich war das Neue Zeitalter, eine neue Ökonomie, eine neues Wirtschaftssystem gekommen! Es würde abgehalfterte alte Theorien von Angebot und Nachfrage, Gewinn und Verlust über Bord werfen und Wohlstand für alle bringen.

Dann kam der März 2000. Der große Drache wurde auf der astralen Ebene getötet, und die Erde begann sich in einer erhöhten Evolutionsgeschwindigkeit zu bewegen. Der Zustrom neuer Investoren in den

Markt flaute ab, und die Zuspätgekommenen, die bereits überzeichnete Aktien gekauft hatten, gerieten in Panik. "Niemand wollte ihre Aktien zu einem so hohen Preis kaufen!" Sie begannen sie, egal zu welchem Preis in einer Art Verkaufspanik loszuschlagen, und so begann der erste Schritt des Börsenkrachs. Die Aktienmärkte brachen weltweit ein, und eine allgemeine Panik folgte.

Aber kein Markt gibt geradlinig nach, sondern flattert noch wie ein sterbendes Tier herum, kämpft sich wieder ein wenig nach oben, bis der letzte Augenblick gekommen ist. Der Börsenmarkt erholte sich, dann fiel er wieder, auf ein ständig niedrigeres Kursniveau: Erholung, Absturz, erneute Erholung, erneuter Absturz auf noch niedrigere Kurse in einem tödlichen Prozess, der vermutlich in fünf Jahren seinen Höhepunkt erreicht haben dürfte. Dennoch rieten die Börsenmakler und die Medien ihren Klienten bei jeder Erholung, wieder schleunigst an die Börse zurückzukehren, wodurch diese lediglich noch mehr Geld verloren.

Das ist das Schicksal der großen Börsenblase der 90iger Jahre. Millionen privater Anleger und die Aktienfonds betrauern nun die enormen Verluste, die sie beim Ausverkauf ihrer Altersvorsorge erlitten. Doch keiner stellt die entscheidende Frage:

Wohin gelangten die Billionen von Ersparnissen für die Altersvorsorge?

Der Mythos von den Börsenverlusten

Geld ist etwas, was es nur auf unserem Planeten gibt. Es ist eine Form von Energie, die in Münzen,

Banknoten, Kreditkarten und drahtlosen automatischen Überweisungen zum Ausdruck kommt. Geld geht genau wie Energie nie verloren, es sei denn, man ist verrückt genug, absichtlich Banknoten zu verbrennen. Geld geht lediglich von Hand zu Hand. Im Zeitalter des Goldes konnte man sogar eine Goldmünze einschmelzen, und sie behielt dennoch ihren Wert. Mit anderen Worten, Geld ist unzerstörbar.

Man "verliert" Geld nur, wenn einen jemand beraubt oder bestiehlt. Wenn es einen Verlierer gibt, gibt es auch einen Gewinner. Das ist ganz einfach, denn Geld ist eine Manifestation unzerstörbarer kosmischer Energie. Wer also sind die Gewinner bei dieser großen Geldorgie der 90iger Jahre?

1. Korporative Diebe

Heutzutage nennen Zeitungen ganz ungeniert die riesigen Summen, die Amtsinhaber und Konzernchefs verschwenden, wenn es darum geht rund um den Globus ein weitreichendes System von Unterwasserkabeln zu verlegen, das niemand benutzen kann, sowie bei High-Tech-Wolkenkratzern, Bürokomplexen und Einkaufszentren, Satelliten, Privatjets, Villen, Country-Clubs und dergleichen mehr. Aufsichtsräte plündern ihre Firmen mit geradezu unanständig aufgeblähten Bezügen und einlösbaren Aktienoptionen, wobei sie von "Insiderinformationen" profitieren, mit wertlosen Aktien zum Schleuderpreis, damit die Öffentlichkeit zugreift, mit illegalen Eigen-Darlehen und dem Transfer enormer Summen auf die Konten von Offshore-Firmen und indem sie mit hoch bezahlten Buchprüfern, die die Konten fälschen und die Öffentlichkeit betrügen, unter einer Decke stecken.

Anstatt die großen Verbrechen in der Welt der Aktiengesellschaften vorauszuahnen, reagierten die staatlichen Regulierungsbehörden lediglich, und das mit Absicht, und so war es zu spät, die Vergehen zu verhindern. Gegenwärtig versucht man, bestimmte Fälle zu rekonstruieren, aber das volle Ausmaß der Vergehen auf dem Aktienmarkt wird nie aufgedeckt werden, denn viele Verantwortliche haben sich mit reichlichem Gewinn heimlich aus dem Staub gemacht unter Zurücklassung wertloser Papiere in den Händen der Schuldner. Viele haben sich in Offshore-Gebiete geflüchtet, die Jahre zuvor eingerichtet worden waren, um Steuerflüchtlingen Zuflucht zu gewähren. Viele werden einen neuen Namen annehmen, neue Papiere und eine neue Identität erhalten und ihre Aktivitäten wieder aufnehmen.

Zuviel Geld geriet in die Hände der Aktiengesellschaften, und so wurde die Versuchung zu groß: Aufsichtsräte, leitende Angestellte der Exekutive und Finanzdirektoren handelten in geheimem Einverständnis mit den Rechnungsprüfern, wenn es darum ging, sich den Gesetzen zu entziehen und transferierten Milliarden auf die Konten von Scheinfirmen in Übersee, wobei sie diese Diebstähle mit überzeichneten Aktien und Derivaten tarnten.

Viele naive Anleger haben herbe Verluste erlitten, aber es ist ihnen nicht klar, dass diese Verluste, für die andere Seite massive Gewinne bedeuten. Investment-Banken bauen diese Firmen auf, setzen ihre eigenen Leute an die Spitze, erzeugten einen Medienhype über ihre Zukunft, begeisterten Investoren dafür, firmeneigene Anteile zu erwerben, manipulierten den Preis dieser Aktien an der Börse, bis die Firma auf dem Papier eine künstliche Wertsteigerung erreicht hatte. Dann plünderten sie das tatsächliche Firmenguthaben. Wenn die Aktie einbrach, blieb lediglich eine bankrotte Hülle übrig.

Diese eklatanten Verbrechen gegen die Anleger hätten eigentlich ausreichen müssen, um die Börsen für immer zu schließen, aber dort versucht man weiter diejenigen auszutricksen, die ihre Verluste ausgleichen wollen und deshalb noch mehr investieren. Die Aktionäre schlagen nun zurück; es gibt Prozesse im Überfluss gegen Börsenmakler, leitende Angestellte von Aktiengesellschaften und die Leute, die die Öffentlichkeit eigentlich schützen sollten, nämlich die Rechnungsprüfer. Jedermann ist zornig und das mit Recht. Aber wir wollen noch einmal darauf hinweisen, dass das leider nur eine sorgfältig geplante und gut inszenierte Show auf einem Nebenkriegsschauplatz war, mit dem Zweck, die Aufmerksamkeit vom wahren Verbrechen abzulenken.

Obwohl sie mit den Dunklen Mächten in geheimem Einverständnis stehen, sind die meisten Vorsitzenden von Aktiengesellschaften lediglich Aushängeschilder, die attraktiven, anscheinend kompetenten werden dabei in Schlüsselpositionen eingesetzt, um mit ihrem Charme und ihrer Mediengewandtheit den Anlegern das Geld aus der Tasche zu ziehen. Viele der Eliten in den Investmentbanken und Börsenmaklerfirmen sind junge, leicht beeinflussbare Geister, naiv, in dem

Sinn, dass sie von der von den Dunklen Mächten genährten Aussicht auf schnelles Geld geblendet sind. Indem man ihre Gier nach Medienaufmerksamkeit ausnutzt, dienen sie im wesentlichen als Strohmänner eines weitaus heimtückischeren und komplexeren Systems, als sich die Öffentlichkeit das vorstellen kann, denn diejenigen, die per Knopfdruck die Märkte manipulieren, bleiben unerkannt. Während die Strohmänner dabei ertappt werden, wie sie mit beiden Händen in die Kasse greifen, sind andere schlau genug, sich öffentlicher Verurteilung und Verfolgung zu entziehen.

Die Öffentlichkeit wird weiterhin ihren Zorn vor Gericht und in den Medien ablassen, aber eines ist sicher, die Öffentlichkeit wird nie ihr Geld zurück bekommen. Während die öffentliche Aufmerksamkeit von der schleppenden Verfolgung von kriminellen Aktienhändlern in Anspruch genommen wird, werden weitere Billionen verschwinden. Noch einmal stellt sich die Frage, wohin entschwindet dieses Geld?

2. Die Schulden der Aktiengesellschaften

Der private Anleger, der Firmenanteile oder Schuldverschreibungen gekauft hat, hat für sein Geld ein Stück Papier erhalten, das man Aktienpapier nennt. Er dachte, er erwerbe damit einen Anteil an einer Firma und wäre somit an den Gewinnen (oder Verlusten) der Firma beteiligt. Diese neuen Aktiengesellschaften gaben den Großteil der Erlöse aus Aktienverkäufen für undurchsichtige Projekte aus, bis nichts mehr übrig war. Um zu überleben, verpfändeten sie das Firmenvermögen und liehen sich riesige Summen, um weiterhin flüssig zu sein.

Ohne sein Wissen wurde der Firmenanteil, den der Anleger zu kaufen glaubte, wertlos, sobald die Aktiengesellschaft das Firmenvermögen verpfändete, um Geld zu leihen. Nicht aufgeklärte Investoren erwarben an der Börse weiter die wertlosen Aktien der Gesellschaft zu überhöhten Preisen, da die Medien ein rosiges Bild von der Zukunft der Aktiengesellschaft malten. Diese zum Schein künstlich aufgeblähten Aktien bildeten schließlich den einzigen Wert der Aktiengesellschaft. Solange der überhitzte Börsenmarkt weiter lief und jeder an den Wert der Scheinaktien glaubte, würde die Verschuldung der Aktiengesellschaften nicht offenbar.

Der Börsenkrach vom März 2000 brachte ans Licht, dass immer mehr Aktiengesellschaften leere Nussschalen waren, hoch verschuldet und am Rande des Bankrotts. Was geschah mit dem Geld, das diese Aktiengesellschaften auf ihr Firmenvermögen aufgenommen hatten? Es verschwand im Schwarzen Loch der Derivate.

3. Derivate: Das Schwarze Loch

Viele erinnern sich noch an den jungen Schurken von Händler in Singapur, der ein Vermögen mit Derivaten verlor und zum Niedergang einer der ehrwürdigsten Banken Englands beitrug. Wie konnte ein einziger Angestellter den Untergang einer gesamten Bank herbeiführen? Lediglich durch Spekulationen mit Derivaten.

Die weltweit größten Börsen erfanden Derivate, um mehr Geld in den Markt zu pumpen. Mit einem

Derivat erwirbt ein Spekulant das Recht, ein Wettgebot auf die weitere Entwicklung des Marktes abzugeben. So kann ein Investor zum Beispiel einen Kontrakt abschließen, der darauf basiert, wie sich der Goldpreis zukünftig nach oben oder unten entwickelt. Man beachte, dass der Investor Geld machen kann, wenn der Markt nach oben oder unten geht, nicht nur nach oben wohlgemerkt. Wenn er darauf setzt, dass der Markt fällt, und der Markt fällt tatsächlich, so macht er Gewinne und umgekehrt. Wenn der Markt sich nicht in der von ihm vorhergesagten Weise entwickelt, macht er Verluste.

In Derivate zu investieren, ist nichts anderes als eine Wette, eine Art Glücksspiel, auch wenn es als legitime Form des Investments bemäntelt wird. Es ist hoch spekulativ und riskant. Zusätzlich zu Derivatsofferten der öffentlichen Hand existiert auch ein privater Markt von Derivaten, dessen Parameter jedoch wenig bekannt sind. Wichtig ist sich zu vergegenwärtigen, dass in diesen Derivatmärkten *auf jeden Gewinner ein Verlierer kommt.* Dies ist der Schlüssel zur Erhellung der Frage, wohin das ganze Geld verschwindet.

Es ist ein heimtückisches Spiel, denn die Märkte sind manipuliert. Die Dunklen Mächte sind so stark, dass sie die zukünftige Preisentwicklung von Waren in jeder Richtung beeinflussen können. So können sie zum Beispiel den Goldpreis manipulieren, indem sie Tausende von zukünftig relevanten Kaufverträgen auf dem Goldmarkt abschließen, um die Sache "am Laufen" zu halten. Dies wird dazu führen, dass der Goldpreis steigt. Durch die Medien lassen sie durchsickern, dass der Goldpreis im Steigen begriffen ist und erreichen somit zum Jahresende einen bestimmten Höchstpreis. Somit wird ein Aufwärtstrend geschaffen.

Durch diese Gerüchte animiert, werden Tausende von Anlegern, Aktiengesellschaften, Banken und Fondsgesellschaften schleunigst in die künftige Entwicklung des Goldmarktes investieren und auf eine bestimmte Höhe des Goldpreises zum Jahresende setzen. Der Zulauf zum Markt führt selbst zu einer momentanen sich selbst erfüllenden Prophezeiung, denn er führt dazu, dass der Goldpreis sogar noch weiter steigt. Wenn der Preis hoch genug ist, um gute Profite zu machen, springen diese Mächte vom fahrenden Zug ab und realisieren hohe Gewinne.

Geht der Goldmarkt noch ein wenig nach oben, dann kommen diese Mächte zurück, investieren in oder verknappen den Goldmarkt oder setzen darauf, dass der Goldpreis zu fallen beginnt. Dies führt zu einer gelinden Panik, und die Leute fangen an zu verkaufen. Durch den fallenden Goldpreis können sich diese Mächte erneut Riesengewinne in die Tasche stecken.

Aufgrund ihrer Finanzkraft können die Dunklen Mächte bestimmen, in welche Richtung sich der Markt bewegen soll. Anfangs locken sie Investoren, Aktiengesellschaften, Pensionsfonds und Banken an, indem sie ihnen eine schöne Rendite "zugestehen". Das verführt diese dazu, noch größere Summen in die Derivate zu investieren. Erneut realisieren sie solide Gewinne. Nach diesen Profiten investieren sie vertrauensvoll einen noch größeren Prozentsatz ihres Portofoglios in Derivate. Sobald der Markt der Derivate zum Bersten voll ist mit Erwartungen in einer bestimmten Richtung der Entwicklung, greifen die Dunklen Mächte in den Markt ein und drehen ihn in die entgegengesetzte Richtung. Die Investoren verlieren alles, und die Dunklen Mächte ziehen immense Summen an Bargeld ab.

Dies ist einer der Hauptwege, auf dem Billionen von Bargeld aus den weltweiten Aktiengesellschaften und Banken abgezogen und in die Tresore der Finsteren Mächte umgeleitet wurden. Bei allen Verlusten für Aktiengesellschaften und Individuen, blieben die Dunklen Mächte stets Gewinner. Und die Gewinner machten Billionen.

4. Fusionierungen und Akquisitionen

Auf dem Höhepunkt der großen Börsenblase kam es zu einer Woge von Fusionierungen und Akquisitionen unter den Firmen nach neuem Muster. Holdings kauften und verkauften Firmen wie Gebrauchsartikel. Auf der Welle der überzeichneten Aktien einer Firma reitend, zahlten Firmen hohe Dollarpreise für ihre Akquisitionen und setzten sich dabei über jeglichen Geschäftssinn hinweg, der es gebietet, billig zu kaufen und teuer zu verkaufen. Meist lag der einzige Wert, der bei diesen Akquisitionen übrig blieb, in den überzeichneten Aktienwerten.

Wenn Firma A Firma B kaufen wollte, kaufte sie nicht nur die überzeichneten Aktien von Firma B, sondern musste auch noch eine extra Gefälligkeits-Prämie bezahlen. Einige Firmen bezahlten Milliarden an Gefälligkeitsprämien, was nichts anderes bedeutet, als dass sie Milliarden in den

Sand setzten. Medienfanfaren und Beifall von der falschen Seite begleiteten jeden dieser Deals, um noch mehr Anleger dazu zu verleiten, die Aktien dieser neu geschaffenen fusionierten Firmen zu kaufen und deren Kurse hoch zu halten.

Ungezählte Milliardenbeträge gingen während dieser rasenden Fusionen und Ankäufe von Hand zu Hand, und diejenigen, die sich mit vollen Taschen aus dem Staub machten, waren dieselben, die den Markt zu solchen Höhen manipuliert hatten. Das scheinbar endlose und lukrative Gewinnspiel endete, als die Börsen zu fallen begannen, aber man kann sehr wohl davon ausgehen, dass die Börsenverluste der unerfahrenen, jedoch habgierigen Anleger, sicher auf Schweizer Bankkonten weggepackt sind.

5. Die gemischten Fonds: Das ultimative Schwarze Loch

Wir haben bereits auf die Deregulierung der gemischten Fonds hingewiesen. Sie können alles mit Ihrem Geld anstellen, und Sie haben keine Möglichkeit, als Ihre verbliebenen Mittel zurückzuziehen. Es gibt keine unabhängigen Buchprüfer, und die jährlichen Rechenschaftsberichte für die Investoren sind reine Märchen. Alles was wir sagen können ist, dass das, was in den Hinterzimmern der Zentralen der Mischfonds passiert, für die Menschheit schädlich ist. Fakt ist, dass sie genau wie die Finanzämter, keiner Behörde auskunftspflichtig sind. Sie können machen, was sie wollen, und es gibt niemanden, der sie kontrolliert. Manager behaupten, dass Verluste bei den allgemeinen Aktienkursen zu diesen Verlusten führen, aber stimmt das wirklich?

Wie kann die Öffentlichkeit das wissen, solange diese Fonds ihre Bestände, Gewinne und Verluste nicht offen legen müssen?

Das Phänomen der Mischfonds verzerrt auch die so genannten Kräfte des Marktes an den Börsenmärkten, wo für den freien Aktienhandel geworben wird. Statt einiger Millionen von Kleinanlegern im Freihandel, kontrollieren einige tausend Manager von Mischfonds Aktien in Milliardenhöhe und sind somit in der Lage,. Aufstieg und Fall bestimmter Aktien zu manipulieren. Mit ihren riesigen Anteilen an Aktiengesellschaften kontrollieren sie zudem den Anstieg und Fall der Börsenindizes.

Schließlich entscheiden sie aufgrund der großen Aktienpakete, die sie von einzelnen Firmen besitzen, auch über die Besetzung des Aufsichtsrats in diesen Firmen.

In der Zwischenzeit sehen Anleger von Mischfonds wie ihre Investitionen von Monat zu Monat schwinden und können nur hoffen, dass sich das Versprechen einer sicheren Altersversorgung eines Tages realisieren wird. Die schlauen haben bereits das, was von ihrem Kapital übrig blieb, beiseite geschafft, während die hoffnungsvollen noch bei der Stange bleiben, auch wenn diese "Verluste" nach und nach ihr Kapital aufzehren. Während die Öffentlichkeit allmählich diese massive Täuschung realisiert, werden die Mischfonds bereits abgestürzt sein, genau wie alle anderen gehypten Formationen. Ein Teil der Billionen, die die Investoren "verloren" haben, kann durch die dunkle Unterwelt von Transaktionen hindurch verfolgt werden, in die die Mischfonds verstrickt waren, ohne eine von außen kommende Verifizierung oder Rechnungsprüfung in den derivativen Märkten.

Diese dunklen Machenschaften der Dunklen Mächte bilden das ultimative Schwarze Loch, den Trichter zu den Schweizer Banken. Da jedoch die Märkte im Lauf der nächsten paar Jahre einbrechen werden, werden auch diese einstigen Türme des Kapitals einstürzen.

Kapitel 6

Die Herren des Krieges

"Die Wahrheit ist das erste Opfer des Krieges."

Heutzutage lastet die Bedrohung durch den Terrorismus auf den Gemütern aller Menschen, vor allem weil ein Terroranschlag nach dem anderen über die Bildschirme flimmert. Doch wenn wir das Ganze ein wenig mit Abstand betrachten, könnte es dann nicht sein, dass diese Ereignisse nichts anderes sind, als Teil eines fein abgestimmten Szenarios, um den Dunklen Mächten in die Hände zu spielen? Ist es möglich, dass der Kampf gegen den Terrorismus nichts anderes ist als ein Spiel auf einem Schachbrett, anstatt eines Kreuzzugs, als der es dargestellt wird? Könnten terroristische Attacken in Wirklichkeit sorgfältig geplante Ereignisse sein, die der Öffentlichkeit Furcht einflößen und ihre Kriegsbereitschaft wecken sollen?

Es würde es soviel einfacher machen, den in den Massenmedien dargestellten Gang der Ereignisse zu verfolgen, die zum Angriff vom 11.September führten. Mit etwas Logik sollten wir das allgemeingültige Szenario der Geschehnisse in Frage stellen. Wie kann es sein, dass die größte Militärmacht der Welt derart laxe Sicherheitsmaßnahmen hat, die es zulassen, dass ein zusammengewürfelter Haufen von Schurken aus den Höhlen von Afghanistan plötzlich herüberkommen und binnen kurzen, einer Stunde etwa, sehr erfolgreich die beiden berühmtesten Finanzgebäude in New York City angreifen kann und im Weiteren dann das Pentagon selbst und das alles ohne irgendeine Vergeltungsmaßnahme?

Ja, so schwer es auch vorstellbar sein mag, der Angriff auf das New Yorker World Trade Center am 11.09.2001war eine ausgezeichnete Choreographie vor Live-Kameras aus aller Welt. Es lief alles mit der Planmäßigkeit eines Uhrwerks ab, denn es war alles andere als ein Zufall, sondern ein sorgfältig choreographiertes Szenario.

Ist es nicht merkwürdig, dass nur so wenige diese Ereignisse hinterfragen und dass diejenigen, die es tun als Narren hingestellt werden? Von unserem Standpunkt aus können wir bestätigen, dass dies nicht das Werk von Terroristen aus Afghanistan war. Dies war nicht das Werk einer religiösen Gruppe namens Taliban. Dies war das Werk der Dunklen Mächte, die wir bereits erwähnt haben. Dies war Teil eines größeren Plans, der darin besteht, eine weltweite Krise auszulösen und jeden auf den Kriegszustand vorzubereiten.

Der Angriff auf das World Trade Center und die Art und Weise wie er zum Irakkrieg führte, ähnelt sehr den Ereignissen, die zum Vietnamkrieg führten, wobei es sich bei letzteren allerdings um die große Bedrohung durch den Kommunismus anstatt den Terrorismus handelte. Wieder sollte man mit etwas Logik die Frage stellen, ob das kleine südostasiatische Land wirklich eine Bedrohung für die USA darstellte? Jeder intelligente Mensch konnte sehen, dass Vietnam kein unmittelbares Sicherheitsrisiko für die USA bedeutete, dennoch übten die Dunklen Mächte, nach dem sie durch die Ermordung von Präsident Kennedy ihr Haupthindernis beseitigt und den Zwischenfall im Golf von Tonkin ausgelöst hatten, Druck auf Washington D.C. aus, Tausende und Abertausende von jungen Männern aufmarschieren zu lassen, um ihr Leben, den Verstand oder ihre Gliedmaßen zu verlieren. Wozu?

Was wurde tatsächlich verteidigt? Worin bestand die Bedrohung? Im Kommunismus? Aber erst nach dem langen tragischen Krieg übernahmen die Kommunisten tatsächlich Vietnam, das keine oder nur eine kleine Bedrohung für die USA war. Jedes denkende Wesen konnte in den frühen Sechziger Jahren sehen, dass es überhaupt keine Bedrohung gab, nicht mehr als heutzutage für jeden Einzelnen von den so genannten terroristischen Gruppierungen ausgeht, die man auf diesem Planeten finden mag.

Kriege- geplante und sorgfältig ausgeführte Ereignisse

Man mag sich fragen, aus welchen Gründen die Dunklen Mächte Kriege vom Zaun brechen. Nichts führt so sehr zu ausgelasteten Fabriken, steigenden Beschäftigungszahlen und gefüllten Bankkonten wie die von High-Tech und weit verzweigter Logistik abhängige moderne Kriegsführung. Deshalb fahren die Dunklen Mächte, wie schon in früheren Inkarnationen, damit fort, aus Profitgier Kriege auszuhecken, zu planen und durchzuführen.

Kann man den Angriff auf das World Trade

Center wirklich als einen Teil eines umfassenderen Plans zur Erzeugung von Kriegsbereitschaft in der Öffentlichkeit bezeichnen? Kriege sind keine spontan entstehenden Ereignisse: Sie sind geplante Ereignisse, sorgfältig vorbereitet und jahrelang ausgeheckt. So wurde der derzeitige Irakkrieg mindestens zehn Jahre lang geplant. Flugzeuge, Raketen, Schiffe, Satelliten und das sonstige Kriegsmaterial müssen in jahrelanger Arbeit entwickelt und gebaut werden. Dies wird oft mit "vorbereitet sein" zur Landesverteidigung gerechtfertigt. Heutzutage sind auch die Medien unterrichtet und berichten über diese schrittweise Mobilisierung für den derzeitigen Krieg. Wirkt diese Kriegsberichterstattung nicht wie eine große Show für die Öffentlichkeit vor den Bildschirmen?

Kriege und bewaffnete Auseinandersetzungen haben jedoch ein anderes heimtückisches Ziel: Sie lenken die Menschen von ihrem alltäglichen Leben ab, so dass Gesetze oder Verordnungen erlassen werden können, die zur Einschränkung von welchen Rechten auch immer führen. Das Kriegsrecht kann per Notstandsverordnung in Jahrzehnten hart erkämpfte Rechte auslöschen. Und wenn der Konflikt beigelegt ist, erkennen die Leute plötzlich, dass ein noch repressiveres Regime die Macht übernommen hat. Wir müssen nur die Nachkriegszeit nach dem II. Weltkrieg betrachten, als die halbe Welt - die Sowjetunion, Osteuropa, Zentralasien, China, Nordkorea und Südostasien- unter die Herrschaft unterdrückender Diktaturen fiel. Selbst gegenwärtig dienen die so genannten Sicherheitsmaßnahmen an Flughäfen und Grenzen nur dazu, die Menschen daran zu gewöhnen, durchsucht zu werden, unterwürfig zu sein, keine Fragen zu stellen, ihren Sinn für Freiheit aufzugeben und sie davon abzuhalten, nach Belieben kommen und gehen zu können. Es handelt sich um eine Wiedereinführung der all bekannten und ermüdenden Repressionsmaßnahmen vergangener Jahre.

Weitere Gesetze werden eingebracht werden, um die von vormaligen Generationen erkämpften Rechte zu beschneiden. Zurecht gebogene Argumente können jede Gesetzgebung rechtfertigen. So ist zum Beispiel der Privatbesitz von Handfeuerwaffen durch die amerikanische Verfassung als jedermanns Recht garantiert. Wir sind keine glühenden Verfechter von Schusswaffen, möchten aber an die ursprüngliche Intention dieser Verordnung erinnern: Die Gründerväter der amerikanischen Verfassung wollten sicherstellen, dass die Bürger ihr Recht verteidigen konnten, durch das Volk und für das Volk regiert zu werden, falls und sobald sich eine verrückt gewordene Regierung gegen das eigene Volk stellen sollte.

Krieg um jeden Preis

Wenn ein Krieg sorgfältig geplant wurde, entsteht eine Art Eigendynamik. Die Ausführung wird mit allen Mitteln vorangetrieben, und die Dunklen Mächte werden alles und jeden niedermähen, was sich ihnen in den Weg stellt. Die Regierungen, als hauptverantwortliche und treibende Kraft, werden unverblümt und dreist ihre Bürger über die Kosten an Menschenleben und Material sowie die daraus resultierenden Konsequenzen belügen. Was wie der Feind aussieht, ist in Wirklichkeit Teil des abgekarteten Spiels. Sie werden die geballte Kraft der Medien einsetzen, um gnadenlos das hohe Lied der Rechtfertigung des Krieges von ihrem Standpunkt aus singen zu lassen, bis es in den Schädel jedes Bürgers eingehämmert ist. Dies klingt brutal und bestialisch, geht jedoch einher mit dem niedrigen Niveau ihrer evolutionären Entwicklung.

In dem Film *JFK* von Oliver Stone müsste es im Abspann eigentlich heissen, "Regie J.F.K persönlich", denn er war in Wahrheit der Regisseur. Die Seele, die einst als Präsident J.F.Kennedy bekannt war, hat die Autoritäten der Bruderschaft eine Zeitlang bearbeitet, damit die wahre Geschichte seiner Ermordung der Öffentlichkeit zugänglich gemacht werde. Und in der Tat, sein Wunsch wurde erfüllt. Bis auf wenige Einzelheiten präsentiert der Film den wahren Hergang der Ereignisse. Er enthüllt die falsche Theorie von der Zauberkugel , nach der eine Kugel den Präsidenten fällte, danach im Zickzack herumflog und schließlich den Gouverneur von Texas traf. Vor kurzem erschien ganz plötzlich und zusammenhanglos ein Zeitungsartikel, der die offizielle Version der Ereignisse für zutreffend erklärte, obwohl der ehemalige Gouverneur von Texas und seine Frau, die in der Präsidentenlimousine gesessen hatten, in einem jüngst ausgestrahlten Fernsehinterview bestätigten, dass sie mehrere Streifschüsse erlitten hatten. Trotz ihrer Zeugenaussage wurde der offizielle Regierungsbericht über die Ermordung des Präsidenten nie geändert.

Am schockierendsten ist es, dass Mr. Oswald keinen einzigen Schuss abgegeben hatte, obgleich er als Attentäter von John F. Kennedy in die Geschichte eingehen wird. Er fungierte in der Tat als das unschuldige Opfer, als Deckmantel eines im Verborgenen agierenden Komplotts. Der Film legte auch dar, wie Mr. Oswalds gesamte Lebensgeschichte innerhalb von 24 Stunden über die ganze Welt verbreitet wurde, ganz so, als sei sie als sendefähiges Material vorbereitet gewesen. Wie schnell das alles ging!

In Wahrheit wurde Präsident Kennedy ganz einfach deshalb ermordet, weil er seine Zustimmung zu einem Krieg in Vietnam verweigert hatte. Wir führen dieses traurige Ereignis an, um dem Leser zu zeigen, in wieweit die Dunklen Mächte dazu in der Lage sind, den Menschen ihre Kriegspläne aufzuzwingen. Sie wollten beweisen, dass selbst der Präsident der Vereinigten Staaten, wenn er sich ihren Kriegsplänen widersetzen sollte, einfach eliminiert würde. "Wir können um zwölf Uhr mittags eurem Präsidenten in aller Öffentlichkeit den Kopf wegblasen, oder etwa nicht?"

Der Mord wirft auch ein Licht darauf, wie die Dunklen Mächte viele Führer in aller Welt dazu zwingen können, sich ihren Plänen anzuschließen. Es dauerte nicht lang, bis Präsident Kennedys Nachfolger den Marschbefehl für eine fünfhunderttausend Mann starke Truppe unterzeichnete.

Sobald der Vietnamkrieg in vollem Gang war, benutzten die Dunklen Mächte ihre Kräfte, um die Vietnam-Friedensbewegung zu sabotieren. Viele Zeitungsreporter von damals stimmen überein, dass die Friedensaktivistin und Sängerin Janis Joplin ermordet wurde. Sie starb nicht an einer selbst injizierten Heroinüberdosis, genauso wenig wie

Jimmy Hendrix, der im selben Jahr starb. Jedermann wusste, dass sie Drogen nahmen, aber, wenn man etwas Logik benutzt, wird klar, dass die meisten Drogenkonsumenten, genau wie gute Apotheker, die Dosis zum Highwerden sehr genau kennen. Es ist nicht sehr wahrscheinlich, dass sie auf einmal ganz plötzlich riesige Mengen von Drogen konsumieren.

Es ist allgemein bekannt, dass der Leichenbeschauer des L.A.County in seinem Autopsiebericht schrieb, dass der Körper von Janis Joplin Heroin in einer Zusammensetzung enthielt, die vierzig bis fünfzig Mal stärker war als alles, was man je auf der Straße kaufen konnte. Kann es sein, dass ihr jemand diese Überdosis zuführte? Es tut uns Leid, sagen zu müssen, dass dies der Fall war.

Warum konzentrierten sich die Dunklen Mächte auf diese Musiker? Ein Jahr vor ihrem Tod fand 1969 das Woodstock Friedenskonzert statt, und zum großen Erstaunen der Behörden kamen junge Leute aus den gesamten Vereinigten Staaten zusammen, um ohne Zwischenfälle für den Frieden zu demonstrieren. Es gab keine Toten, keine Morde, keine Gewalt- jeder benahm sich absolut friedlich. Als den Dunklen Mächten klar wurde, dass sich dieses Ereignis immer wieder wiederholen könnte, nahmen sie sofort die Anführer ins Visier, und binnen eines Jahres, 1970, waren alle tot. Was für ein Zufall!

Versuche, die kriegstreiberischen Aktivitäten der Dunklen Mächte zu durchkreuzen, verlaufen oft tragisch, denn diese sind stets auf der Hut vor Menschen oder Kräften, die erfolgreich für Einheit und die Zusammenarbeit von Menschen eintreten.

Ihre Methoden haben sich seit den Tagen von Adolf Hitler nicht geändert, dessen Motto lautete: "Teile und erobere. Teile und erobere."

Deshalb entfachen die Dunklen Mächte mit Vorliebe Rassenkonflikte, ethnische Spannungen und sonstige Differenzen, um den Hass der Menschen aufeinander zu fokussieren sowie auf die Unterschiede zwischen ihren Ländern und die Überlegenheit einer Rasse über die andere. EINHEIT ist ihr Feind. Alles und jeder, der Ähnlichkeiten über Unterschiede stellt, wird ihnen zum Feind. Heutzutage kommen dieselben Methoden zur Anwendung. Die Dunklen Mächte haben Marionetten des Hasses entworfen wie Osama bin Laden. Er wird der Welt vorgeführt, um Hass zu fördern und gehasst zu werden, in diesem Fall entlang religiöser Unterschiede.

Kriegstreiberei ist somit ihre elementarste Aktivität, die Kulmination von jahrelanger Arbeit an Szenarien und Plänen. Mit ihrer beträchtlichen Finanzkraft können sie Nationen in den Krieg treiben, mit dem Ziel jeweils noch mehr Geld zu machen. Dieser ermüdende Kreislauf wurde in unserer gegenwärtigen Kultur Jahrhunderte lang immer wieder aufs Neue wiederholt. In diesem Prozess haben sie den Schafen, die ihnen folgen, die Schlinge immer enger um den Hals gelegt und sie immer weiter ihrer Freiheiten und Rechte beraubt.

Es braucht wenig Phantasie, um sich vorzustellen, wie obskure Organisationen, die die nationale Verschuldung von führenden Nationen unter Kontrolle haben, ihre Macht und ihren Einfluss auf die Führer dieser verschuldeten

Länder geltend machen können. Wenn sie allein die Tilgung der Schulden der USA verlangten, würden sie dieses große Land in die Knie zwingen. Deshalb sollten wir, sobald bestimmte Länder im Namen welchen Ideals auch immer Kriege vom Zaun brechen, daran erinnern, dass sie dabei auf Mächte reagieren, die weit außerhalb ihrer eigenen Grenzen liegen.

So werden wir bei der Analyse heutiger Kriege zu dem Schluss kommen, dass beide Parteien auf derselben Seite stehen, nämlich der Seite der Dunkelheit. Es sei erneut betont, dass die Dunklen Mächte keine Nationalität besitzen. Sie beuten lediglich Zwietracht und Konflikte auf der Welt aus, um Kriege anzuzetteln. Und wenn ein potentieller Kombattant dem Krieg eher widerstrebend gegenübersteht, werden diese Mächte ein Klima erzeugen und Rechtfertigungen erfinden, so dass auch diese Nation bereitwillig in den Krieg ziehen wird!

Jeder Krieg ist eine Schlacht zwischen Licht und Dunkelheit. Die Dunklen Mächte manipulieren die Kontrahenten solange, bis sie in die Schlacht ziehen und bedienen sich dabei welcher finanziellen Hebel und ausgetüftelter Methoden auch immer, um sie aufzustacheln. Diese künstlich erzeugten Kriege sind von Erfolg gekrönt, wenn wir nicht die richtige Haltung dagegen finden, denn gemäß dem kosmischen Gesetz geben wir unsere Zustimmung, wenn wir schweigen und nicht rufen, "nein, es reicht!" Jeder von uns, der direkt mit Gott in Verbindung steht, kann auf der Seite des Lichts agieren und den kriegsführenden Parteien Liebe und Licht zustrahlen. Dies ist genau die richtige Haltung, die wir einnehmen müssen.

Indem wir Göttliches Licht und Liebe zu den kriegsführenden Parteien senden, wird die Welt sehen, wie sehr ihre Kriegspläne scheitern, Raketen ihre Ziele verfehlen, Granaten und Minen nicht zünden und Fälle von "friendly fire" zunehmen werden. Die in den Kriegsministerien Tätigen werden sich mit jedem Tag mehr fragen, was sie dort eigentlich tun, und der Tod jedes Unschuldigen wird seinen Mörder mit Abscheu erfüllen. Selbst die Kriegsherren an der Spitze werden aufgerüttelt werden und erkennen, dass es in diesem Elend und dieser von ihnen erzeugten Not niemals einen Sieger geben wird, und indem wir damit fortfahren, Licht und Liebe zu versenden, werden die Kanonen nach und nach verstummen. Irgendwann endet jeder Krieg.

Der endgültige Triumph des Lichts

Und so haben wir nun das Zeitalter erreicht, das schon lange in den Heiligen Schriften vieler Weltreligionen vorhergesagt war. Es ist das Ende eines Kreislaufs, an dem die Erde beschlossen hat, nicht länger diese Situation hinzunehmen. Es ist auch eine Zeit, in der die Dunklen Mächte ein letztes Mal ihre finstere Kraft spielen lassen, um ein letztes Mal in einem letzten Weltkrieg Stellung zu beziehen, dem III.Weltkrieg, der in den kommenden Jahren stattfinden soll. Doch dieses Mal werden die Meister der Großen Bruderschaft des Lichts diese letzte Herausforderung annehmen und die Erde von den Dunklen Mächten ein für allemal befreien. Es ist die Zeit, in der der Meister Sanctus Germanus die Kräfte des Lichts zu einer wunderbaren Kehrtwende führen wird und die Befreiung der Seelen auf der Erde wieder möglich sein wird. Es ist so ähnlich wie ein Krieg zwischen ihnen und Ihm, und alle Seelen werden sich entscheiden müssen, auf welcher Seite sie in dieser Schlacht stehen. Das ist das Wesentliche im Armageddon in unserer Zeit.

Eine Bemerkung zu Krankheit und Seuchen

Während des Armageddon müssen wir damit rechnen, dass die Dunklen Mächte viele verzweifelte Versuche unternehmen werden, um wieder an Boden auf der Weltbühne zu gewinnen. Sie werden versuchen, Furcht in jedermanns Geist zu säen, so dass das Individuum den Schutz der Regierung sucht.

Während ihrer letzten Tage wird über eine Krankheit nach der anderen über die Sendewellen berichtet werden, um die Menschheit einzuschüchtern und zu verunsichern. Durch diese mysteriösen unsichtbaren Mikroben oder Viren (einschließlich Computerviren) werden Regierungen und Medien die Gelegenheit ergreifen, eine Massenfurcht und Hysterie auszulösen, um die eingeschüchterte Menschheit der Regierungskontrolle zu unterwerfen, die sie angeblich schützen soll. Ängstliche Menschen können nicht ihre Freiheitsrechte ausüben und auch nicht zurückschlagen. Sie werden unterwürfig, eine ideale Voraussetzung was die Dunklen Mächte betrifft.

Als Gegenleistung für ihren Schutz, werden die Regierungen die letzte Bastion der individuellen Privatsphäre einnehmen- den menschlichen Körper selbst. Der einzelne wird Gesundheitstests und Versuchen unterzogen und unter Quarantäne gestellt werden. All das mit dem Ziel, die

Menschen an Einschränkungen zu gewöhnen.

Es ist kein Zufall, dass diese Krankheiten stets in exotischen Gegenden ausbrechen, denn das Unbekannte erzeugt stets am meisten Angst. Wir hören von der asiatischen Grippe, der Vogelgrippe, dem Westnil-Virus, AIDS, Ebola, der Hongkong-Grippe und dergleichen mehr, was die Furcht vor bestimmten Rassen anfachen soll, die angeblich die Verursacher dieser Seuchen sein sollen. Teile und herrsche, war seit Jahrtausenden das Motto dieser Seelen von Atlantis.

Kapitel 7

Armageddon: Ein kosmischer Reinigungsprozess

Viele denken bei dem Wort *Armageddon* an Bilder, bei denen die ganze Welt in einer Art weltweitem Konflikt in die Luft fliegt und dann in Einzelteilen einen Asteroidengürtel bildet. Viele Wiedergeborene Christen glauben, dass sie in einem Taumel der Verzückung von der Erde erhoben werden und die Sünder hinter sich lassen, die die Schlacht bis zum Moment der Übergabe der Erde auskämpfen müssen.

Andere wiederum, hoffnungsvolle Anhänger des New Age, haben bereits die Ankunft des Wassermannzeitalters ausgerufen, obwohl wir von Hunger, Kriegen und Materialismus überwältigt werden. Dass die Probleme der Erde so einfach und endgültig zu lösen sein sollen, kann nur das Ergebnis eines tief greifenden Unverständnisses gegenüber dem gesamten Vorgang der menschlichen Evolution sein, denn wie wir in Kapitel 1 dargelegt haben, ist unsere Millionen von Jahren währende Reise längst nicht zu Ende.

Unsere Sicht von Armageddon unterscheidet sich beträchtlich von der gegenwärtig herrschenden Auffassung, denn wir sehen es eher als

Filterungsprozess - der die Spreu vom Weizen trennt, das Licht von der Finsternis - in jeder Pore, auf allen Ebenen und Bereichen der menschlichen Gesellschaft, denn das wahre Ziel von Armageddon ist ein allgemeiner, umfassender Hausputz mit dem Ziel, die irdische Ebene von allen negativen Einflüssen, also denen der Dunklen Mächte zu befreien, so dass die Bedingungen für das Erblühen eines neuen goldenen Zeitalters, des Wassermannzeitalters, obsiegen können.

Der Klärungsprozess

In diesem Klärungsprozess wird jeder die Chance erhalten, sein wahres Selbst ins Spiel zu bringen, und diejenigen, die aufgrund der Taten oder Überzeugungen, zu denen sie sich entschlossen haben, nicht geeignet sind, auf der irdischen Ebene zu bleiben, werden auf andere Planeten verbracht werden, die ihrer Denkweise mehr entsprechen. Der Klärungsprozess wird ausnahmslos jedes Lebewesen auf der Erde erfassen, denn astrologische Kräfte und Einflüsse so wie die Beschleunigung bei der Evolution der Erde (siehe unten) werden jedermanns wahres Gesicht hervorbringen. Und wie werdet ihr die einen von den anderen unterscheiden können? "An ihren Taten sollt ihr sie erkennen," sprach Meister Jesus.

Die Bedeutung dieses allumfassenden Klärungsprozesses ist folgende: Es wird Turbulenzen auf allen gesellschaftlichen Ebenen geben, so lange bis kein Stein mehr auf dem anderen bleibt und die finsteren Eigenschaften oder Mächte herausgefiltert sind. Dein nächster und liebster Mensch kann betroffen sein und sich gegen dich wenden. Brüder werden sich gegen

Brüder stellen, Väter gegen Söhne, Schwestern gegen Schwestern, Frauen gegen Männer, Männer gegen Frauen und so fort, solange bis die gesamte Erdbevölkerung einem Säuberungsprozess unterzogen worden ist.

Der Sieg in höheren Dimensionen

Die Entscheidungsschlacht zwischen Licht und Finsternis ist das Projekt von Meister Sanctus Germanus. Dieser große Meister der Großen Bruderschaft des Lichts hat seinen Platz als Herrscher des Neuen Zeitalters, des Wassermannzeitalters, eingenommen. Er führt die Schlacht an. Die Seelen, die für Ihn sind, stehen auf der richtigen Seite, während diejenigen, die gegen ihn sind, von der irdischen Ebene verbannt werden.

In den höheren Dimensionen hat Meister Sanctus Germanus bereits das Schwert der Wahrheit durch das Herz des symbolischen Drachens des Bösen gestoßen. Während er sich mit letzter Kraft an das Leben klammert, peitscht der gewaltige Schwanz des sterbenden Ungeheuers von Zeit zu Zeit von einer Seite auf die andere, und jeder Peitschenhieb schickt Schockwellen auf die Erde herunter. Was wir erleben, ist somit nichts anderes, als der Reinigungsprozesse durch dieses große Gemetzel. Ja, es ist ein schmutziges Geschäft. Die Agenten auf der Erde versuchen verzweifelt, ihren unvermeidlichen Niedergang aufzuhalten, indem sie Chaos und Konflikte schaffen, die wir hier auf Erden verspüren, während sie versuchen, sich selbst zu retten. Aber das kosmische Gesetz hat bereits bestimmt, dass ihr Zyklus beendet ist und dass die Mächte des Lichts in dieser Schlacht den

Sieg davontragen werden.

Seid versichert, dass die Schlacht auf höheren Ebenen bereits gewonnen wurde, weswegen wir auch so sicher über den Ausgang auf der Erde sein können. So schmerzlich es auch sein mag, die finalen Schlachten werden innerhalb der nächsten zehn Jahre stattfinden.

Die Beschleunigung der Evolution der Erde

Habt ihr nicht bemerkt, wie dieser Tage die Zeit im Flug vergeht? Tage, Wochen, Monate und Jahre vergehen wie der Blitz. Kaum hat ein Monat begonnen, so stellt man mit Erstaunen fest, dass schon ein neuer beginnt. Und so bemerkt man, wie unter dem Aspekt der Zeit, die Ereignisse im Leben eine Beschleunigung erfahren haben.

Als die Uhr am 31.Dezember 1999 Mitternacht schlug, begann die Erde sich in einem beschleunigten Modus der Evolution zu drehen. Mächtige Kosmische Wesen, die sich um die Erde kümmern, beschlossen diese Beschleunigung. Hatte der Planet die Kraft zu widerstehen? Ganz bestimmt nicht. Die Seele der Erde ist organisch, sie ist lebendig, und auch im Prozess des Werdens. Die Erde und andere Planeten sind nichts anderes als Vehikel, die äußere Hülle für mächtige Seelen, die ihnen innewohnen. Jeder Planet hat eine Seele, ein Wesen, das im Prozess der Evolution steckt und dessen physische Masse beseelt ist. So hat jeder Planet sein eigenes Wesen, seine Eigenschaften genau wie du. Als Mächtige Kosmische Wesen, die in Verbindung mit dem Planeten Erde standen, befanden, dass er in seiner Evolution zurückhinkte, sagten sie deshalb einfach, "dreh dich ein wenig schneller", und die Erde gehorchte und erhöhte die Geschwindigkeit.

Gemäß dem kosmischen Plan dient die Beschleunigung der Erde zudem als *agent provocateur* für die Ereignisse von Armageddon - ein Katalysator, der die Kettenreaktion in der Entscheidungsschlacht zwischen Licht und Finsternis auf allen gesellschaftlichen Ebenen auslöst. Die Erde wird zu einem Schnellzug, der zur höheren Erleuchtung strebt. Das helle Licht am Ende des Tunnels stört einige. Sie wenden sich davon ab und wollen nicht dorthin gelangen. So müssen die, die das Licht nicht ertragen, aussteigen und einen anderen Zug besteigen, der für ihren spirituellen Zustand zu diesem Zeitpunkt geeigneter ist.

Die guten unschuldigen Seelen aber, die nur das große Ziel verfolgen, ihre Seelen zu befreien, so dass sie weiter erblühen können, bleiben glücklich auf dieser rasenden Fahrt, denn sie wissen, dass, sobald sie das Ziel des Lichts erreicht haben, sie alle nur deshalb angekommen sind, weil sie es wirklich wollten. Und welche Freude ist es doch, mit denen zu reisen, zu denen man gehört!

Die allgemeinen Auswirkungen der Beschleunigung

Die Beschleunigung führt auf der Erde zu einem Zustand von Wahnsinn, kurzum zu einem Tollhaus. Einem Gewitter. Einem Sturm. Es wird in den kommenden Jahren nicht leicht werden. Diejenigen auf der Erde, die gerade noch bis jetzt so durchgehalten hatten, werden ein wenig ins Stolpern geraten. Der Effekt der Beschleunigung ist, wie wenn man einem Fahrer, der seinen Wagen kaum bei 25 Meilen pro Stunde auf der Fahrbahn halten kann, sagen würde, er solle auf 100 Meilen pro Stunde beschleunigen. Er wird die Kontrolle über das Fahrzeug verlieren und von der Straße abkommen.

Eine Schwiegermutter wird plötzlich sauer auf ihre reizende Schwiegertochter, dein Sohn zieht sich zurück und beschäftigt sich intensiv mit dem Computer, Töchter schnauzen ihre Mütter an, Väter streiten sich mit Söhnen und umgekehrt, dein geliebtes Ehegespons zeigt dir auf einmal die kalte Schulter und ein alter Freund will dich nicht mehr sehen. Du selbst wirst dich vielleicht dabei ertappen, wie du einen Verkäufer anschreist oder einen Autofahrer, der dir den Weg abschneidet und dich hinterher wundern, was in dich gefahren ist.

Diese Ausbrüche von allgemeiner Geisteskrankheit sind noch von der gutartigen Sorte. Sie betreffen jeden, denn jeder steht irgendwie "unter Strom". Dies kommt von einer leichten vorübergehenden Störung der Verbindung von bewusstem Verstand und Seele, bedingt durch das Tempo der Dinge und dem Mangel an bewusster Kontrolle darüber, sich durch Meditation und Gebete wieder mit seiner Seele in Einklang zu bringen. Diese milden Formen des Armageddon sind glücklicherweise vorübergehender Natur.

Wenn deine Nächsten und Liebsten diese Anzeichen vorübergehender Verrücktheit oder Unausgeglichenheit zeigen, solltest du dich vergewissern, ob es nicht vielleicht besser wäre, aus der Schusslinie zu gehen, solange sie in diesem Zustand sind. Betrachte sie als Hysteriker. Sie könnten alles mögliche tun und sind unberechenbar. Du musst auf dich aufpassen, aber gleichzeitig darfst du es ihnen nicht übel nehmen. Aber du musst dabei auch nicht den Märtyrer spielen und denken, "Oh, sie wird schon noch auf mich eingehen!" Sie oder er kann genauso gut einfach nur zurückschlagen oder etwas sagen, das für dich schockierend ist und einen dauerhaften Riss in eurer Beziehung bedeuten kann. Ja, früher hast du dich vielleicht einmal gut mit diesem Menschen verstanden. Dann begann er oder sie, sich dir gegenüber auf einmal grob zu verhalten Was hast du falsch gemacht? Gar nichts?

Bedenke, dass das vorbei geht und hoffe darauf, dass die Beziehung eventuell wieder ins Lot kommt; sofern tatsächlich anfänglich wahre Liebe und Respekt in der Beziehung vorhanden waren. Lernt, euch um einander zu kümmern. Wenn du jemanden verlassen musst, weil es in seiner Umgebung zu gefährlich für dich ist, dann tu es. Schwanke nicht, wenn du fühlst, dass du nichts getan hast, was diese Behandlung rechtfertigen könnte. Aber wenn du Fehler gemacht hast, solltest du sie auch zugeben. Wenn du jedoch grundlos beleidigt, geringschätzig behandelt oder ignoriert wirst oder jemand mit dem du dich freundschaftlich verbunden glaubtest, dich wie einen Fremden oder noch schlimmer behandelt, wird es Zeit, dass du dich vergewisserst, ob es sich bei dieser Situation nicht um einen Fall von temporärer Geisteskrankheit handelt. Dann begib dich für diesen vorübergehenden Zeitraum aus der Schusslinie.

Bösartige Begleiterscheinungen der Beschleunigung

Die Beschleunigung wirkt sich auch bei jenen aus die üble Formen von Kriminalität in sich tragen. Es kommt verstärkt zum Ausbruch von Verbrechen. Ein Schüler läuft in seiner Schule Amok und mäht seine Freunde mit dem Maschinengewehr nieder. Ein anderer Schüler macht das Gleiche in einem anderen Land. Plötzlich werden junge Frauen in verschiedenen Teilen der Welt entführt. Oder Serienmörder beginnen in verschiedenen Ländern damit, Frauen aufzulauern. Oder noch schlimmer, Scharfschützen nehmen wahllos unschuldige Opfer ins Visier. Ehemänner stellen ihren ihnen fremd gewordenen Frauen nach und erschießen sie zusammen mit den Kindern. Mütter prügeln ihre Kleinkinder zu Tode. Frauen überfahren ihre untreuen Männer mit dem Familienwagen. Alles Geschichten aus dem Tollhaus, aber symptomatisch für unsere Zeit.

Immer mehr scheußliche Verbrechen wie Massenmord, Serienmorde. ethnische Säuberungen, Massenfolter, Kriege und dergleichen mehr kommen ans Licht. Die im Verborgenen lauernden kriminell veranlagten Individuen können den Druck der Beschleunigung plötzlich nicht mehr länger aushalten. Sie drehen durch und zeigen sich als das, was sie wirklich sind. Sie werden einer nach dem anderen vom Angesicht der Erde verschwinden.

Alte religiöse Wunden brechen auf, wie zum Beispiel im Fall der islamischen Fundamentalisten, die ihre christlichen, buddhistischen oder hinduistischen Feinde bekämpfen wollen. Sogar verschiedene Strömungen innerhalb einer Religion werden zueinander in Widerspruch geraten, was zu Abspaltungen führt. Fundamentalistische Christen werden von der Ideologie der Überlegenheit der weißen Rasse faseln und gegen ihre schwarzen Brüder vom Leder ziehen, während eine andere Sekte die Juden wegen der Kreuzigung Christi angreift. Alle religiösen Differenzen kommen an die Oberfläche, manche führen zu sichtbaren Konflikten, andere werden beigelegt.

Politiker, Figuren des öffentlichen Lebens oder Entertainer, die der Welt nur ein bestimmtes Gesicht zeigen und Vorurteile oder andere weniger noble Seiten verbergen, werden sich selbst dabei ertappen, wie sie plötzlich mit ihren wahren Gefühlen und Vorurteilen, ihren bösen Absichten und ihrer ganzen Dummheit vor den Kameras oder in der Öffentlichkeit herausplatzen. Die Führer der Welt widersprechen einander, internationale Allianzen enden zersplittert in Dissens und hohlen Posen, hinter den Kulissen wenden sich befreundete Nationen gegen einander. Viele der gefallenen Führer fragen sich, wie sie nur die Kontrolle über ihre Zunge verlieren konnten, wodurch sie sich selbst an den Pranger stellten. Ihre frühere Macht, Programme zum Wohl der Menschheit zu blockieren oder zu sabotieren sowie die Öffentlichkeit zu hypnotisieren ist zum Glück verkümmert.

Noch einmal sei betont, dies sind die Anzeichen von Armageddon, der Prozess der Reinigung von den faulen Eiern.

Der Prozess der wirtschaftlichen Enteignung in großem Stil

Im März 2000 brach in New York als Reaktion auf die Beschleunigung nach einer Dekade ungezügelter Spekulation plötzlich die Börse ein. Andere Märkte und Börsen rund um den Globus folgten, und ein weltweites Einschmelzen dieser Finanztürme setzt sich fort. Die Dunklen Mächte hatten einen eventuellen Einbruch der Finanzmärkte voraus gesehen, wurden aber unter Umständen von der Plötzlichkeit des Niedergangs überrascht. Wie der sterbende Drache in den oberen Sphären kämpfen diese Börsenmärkte darum wieder ins Laufen zu kommen, wobei sie nur immer tiefer fallen. Es geht nach oben, dann tiefer herunter als zuvor, die Kurse bewegen sich auf einer glatten Rutschbahn. Die Dunklen Mächte pumpen enorme Summen Geldes in den Markt, um die Illusion einer Erholung zu suggerieren. Der arglose Anleger glaubt das Schlimmste sei vorbei, kehrt eilends an den Markt zurück, während die Dunklen Mächte ihre Aktien bei diesen Naivlingen abladen und sich aus dem Staub machen. Erneut bricht der Markt ein und schluckt noch mehr vom Geld der Anleger. Es liegt auf der Hand, dass die Dunklen Mächte jeden mit sich in die Tiefe ziehen wollen, indem sie den letzten Cent aus allen ihren selbst geschaffenen Geldkühen melken.

An einem geheimen Ort mitten in Europa hecken die mächtigen Führer, die hinter diesen unwissenden Individuen stehen, neue Kriege aus, wobei sie sich auf den unbeständigen Mittleren Osten konzentrieren. Diese Kriege sind, wie bereits erwähnt, nichts anderes als geplante und planmäßig durchgeführte Ereignisse. Dabei kämpft nicht eine rechtschaffene Nation gegen eine böse. Man könnte vielmehr sagen, sie stehen beide auf derselben Seite, denn es ist nichts als ein Spiel. Aber in diesen Zeiten, werden die Spiele außer Kontrolle geraten, denn das Licht der Bruderschaft wird auf diese Ereignisse gerichtet sein.

Kriege werden mit dem Zusammenbruch der Börsenmarkte koordiniert, wobei die Dunklen Mächte sich kurzfristig so engagieren, dass sie soviel Geld wie möglich aus den zusammenbrechenden Märkten ziehen können. Ein Sieg im Krieg erzeugt beim Sieger ein falsches Gefühl von Wohlbehagen, und diese Euphorie führt dazu, dass die Märkte sich erholen und nach oben schrauben. Während dieses Aufschwungs werfen weitere arglose Anleger ihr letztes bisschen Geld in die Aktienmärkte und hoffen, dadurch ihre Verluste vom vorherigen Absturz auszugleichen. Die entsprechenden Kräfte verkaufen noch einmal ihre überzeichneten Aktien an diese arglosen Anleger und an Mischfonds, damit sie mehr Gewinn machen, wenn die Börsenmärkte wieder einbrechen. Die Anleger, die nie dazu lernen und immer hereingelegt werden, werden erneut mit wertlos gewordenen Aktien dasitzen.

Bei jedem Einbruch werden Firmen, die zur Aufbesserung ihrer Bilanzen auf ihre Aktien vertraut hatten, unter den Hammer kommen oder gleich bankrott gehen. Die Börsenmärkte selbst werden schrumpfen, wenn immer mehr Anleger auf der Strecke bleiben. Die größten Hoffnungsträger der Börsenwelt werden einer nach dem anderen ihre Pforten schließen, und Investmentbanken werden mangels neuer Geschäfte eingehen. Banken werden ins Straucheln geraten, eine nach der anderen, da sie in ihrer Überheblichkeit Taten aufdecken werden die zu ihrem eigenen Untergang führen werden. Die unregulierten Mischfonds werden schließen, und ihre zornigen Anleger werden die leeren Büros stürmen und herausfinden, dass sich jemand mit Billionen von Dollar aus ihren lebenslangen Ersparnissen aus dem Staub gemacht hat.

Während der Drache in den höheren Spären im Sterben liegt, werden diese kopflastigen Türme der Hochfinanz, die so lange das weltweite Finanzsystem beherrscht haben, dem Erdboden gleichgemacht. In etwa fünf Jahren werden sie in die Hölle zurückfahren, aus der sie kamen.

Doch jene, die diese Institutionen geplant und so lange sie konnten, für ihre Machenschaften benutzt haben, werden den Menschen schließlich Billionen geraubt haben, die sie in ihren Lasterhöhlen horten.

Mit den im Grunde genommen vernichteten Kapitalmärkten werden große und kleine Aktiengesellschaften damit beginnen, einzubrechen. Diese Gesellschaften werden durch ihre Spekulationen an der Börse und bei Derivaten so sehr verschuldet sein, dass ihre Gläubiger, in erster Linie Banken, gezwungen sein werden, ihre Besitzanteile an sich zu nehmen. Die Spirale der Deflation wird sich immer weiter drehen und eine Firma nach der anderen hinwegfegen, wobei nur die überleben, die sich in weiser Voraussicht nicht verschuldet haben oder diejenigen, die für die Befriedigung der elementarsten Bedürfnisse nötig sind.

Wenn Firmen ihre Tore schließen, werden

Millionen ihre Arbeitsplätze verlieren und im Anschluss daran ihr Zuhause und ihren Besitz. Die Preise werden in der Folge sinken, und die Deflation wird sogar noch mehr Unternehmen ruinieren. Dann werden die Banken so von "nicht eingehaltenen" Schulden erdrückt werden, dass sie den eigenen Niedergang nicht aufhalten können.

Die ganze Welt wird in eine ernsthafte wirtschaftliche Depression geraten. Jene in der so genannten fortschrittlichen und entwickelten Welt wird es am härtesten treffen, während diejenigen, die in all den Jahren von Wachstum und Reichtum unter Armut litten, wenig Unterschied in ihrem Los feststellen werden, denn wie sollten sie auch noch ärmer werden? Die gigantische ökonomische Blase, die im Verlauf der letzten fünfzig Jahre immer größer wurde und auf der Ungleichheit zwischen Norden und Süden, zwischen entwickelten und unterentwickelten Ländern beruhte, wird platzen.

Schließlich wird sich der Kreis schließen. Man sollte sich immer daran denken, dass zu dieser Zeit in jedem Krieg, die kriegsführenden Parteien auf derselben Seite stehen und dazu manipuliert werden, Krieg zu führen, damit die Dunklen Mächte mehr Profit machen, aber das Licht der Bruderschaft erstrahlt heller denn je über den Ereignissen , genau dort, wo es die guten Seelen auf der Welt hinlenken. Wie zwei Jugendliche, die mit einer scherzhaften Rangelei anfangen und dann unter Umständen richtig zu raufen beginnen, werden die kriegsführenden Parteien in ihrem eigenen Wahnsinn verstrickt werden und sich selbst zerstören. Die Märkte werden endgültig zusammenbrechen. Dieses Mal wird es auch durch das Geld, das die Dunklen Mächte in die Märkte pumpen, nicht mehr gelingen, sie wieder zu beleben, denn ihr Geld wird keinen Wert mehr haben. Die Weltwirtschaft wird zum Stillstand kommen. Die Unwissenden werden viel vom weltweiten Reichtum auf die Seite geschafft haben, nur um dann herauszufinden, dass der Reichtum durch den Währungscrash wertlos geworden ist.

Enteignung zur Änderung der Menschheit

Wenn die Masse der Menschheit den Prozess der Enteignung ohne Protest hinnimmt, und dies scheint gegenwärtig der Fall zu sein, dann wird sie vielleicht eines Tages, wenn sie nichts mehr an Besitz übrig hat, bereit sein, auf ihre innere göttliche Stimme zu hören. Niemand kann die Seele rauben, auch wenn es manchmal versucht wurde. Keine Kraft kann jemanden die Intelligenz rauben, den Lebenswillen, das Wissen und den spirituellen Kern. Ohne die Fallstricke des Materialismus wird die Menschheit den Duft der Rosen wieder entdecken, die Tautropfen auf den Blättern und die Brise, die vom weiten Ozean hereinströmt.

Gemeinschaft, Selbsthilfe, gegenseitige Zusammenarbeit, Kreativität, ein wahrer Sinn für Geld und seinen Gebrauch, Tauschhandel und vor allem das Wesen der Seele, wie es die innere Gottheit uns verleiht, werden die wahren Seelen auf Erden am Leben erhalten, während die Türme der Dunklen Mächte über ihnen einstürzen.

Die Menschen werden innehalten, um auf die neuen Lehren der Bruderschaft zu hören, die von den Lichtarbeiter ausgehen werden, die bereits überall auf dem Globus angesiedelt wurden. Da

Gemeinschaften zusammenstehen, um zu überleben, werden auch die letzten Verbliebenen der Dunklen Mächte nicht ohne einen letzten Kampf von der Erde vertrieben werden müssen.

Bedrohte Bürokratien suchen Zuflucht im Krieg

Ohne Arbeitsplätze, ohne Geschäfte, ohne Ersparnisse und vor allem ohne eine Basis zur Steuererhebung, werden die Steuereinnahmen erheblich sinken. Bürokratien werden die einzige Quelle, aus der sie sich speisen, verlieren. Diejenigen in den niedrigeren Rängen der Bürokratien, die dachten, sie hätten lebenslang einen sicheren Arbeitsplatz, werden ihn verlieren. Diejenigen in den höheren Rängen werden ums Überleben und den Fortbestand der Melkkuh, die ihnen so lange gute Dienste geleistet hat, kämpfen. Viele Ministerien und Regierungsbehörden werden aufgrund mangelnden Steueraufkommens verkleinert werden.

Die Welt wird gegenwärtig Zeuge zahlreicher Beispiele, wie Bürokratien in verarmten Ländern aufgrund mangelnden Steueraufkommens verdorrten. Steuereintreiber können keinen Cent mehr aus den verarmten Menschen herauspressen aus Angst vor Aufständen und um ihr eigenes Leben. Dennoch behält selbst in einer verarmten Welt die Bürokratie noch immer das Recht, Genehmigungen auszustellen und denen Steine in die Weg zu legen, denen sie angeblich zu Diensten ist. Mit nur sporadischen Gehältern nehmen Bürokraten Zuflucht zu Schmiergeldzahlungen für das Ausstellen gewöhnlicher Papiere wie Lizenzen und Führerscheine. Alles was in der Bürokratie noch erledigt wird, resultiert dann aus privaten

Zahlungen an Bürokraten in Schlüsselpositionen. Unter Umständen wird der Bevölkerung klar, dass die Wahrscheinlichkeit für die Durchsetzung dieser Vorschriften nicht mehr sehr groß ist, und die leeren Ministerien versinken eventuell in der Bedeutungslosigkeit.

Da in den Bürokratien immer mehr Türen zugehen, wird es immer klarer werden, dass diejenigen, die die Geldknappheit beim Steueraufkommen überleben, auch diejenigen sind, die schon vor Jahren die Regierungsstrukturen unterwandert haben. Militär, Polizei und Geheimdienste - die martialischen Sondereinheiten, die so charakteristisch sind für die umnachteten Seelen von Atlantis- werden sich ein letztes Mal erheben.

Da sie über keinerlei eigene Produktivkräfte verfügen, werden sie Zuflucht im Krieg suchen, um ihre bürokratischen Apparate am Leben zu erhalten. Waffenfabriken werden einen Boom erleben, und die Leute werden Arbeit durch den Krieg haben. Die Kriege und Auseinandersetzungen, die wir heutzutage erleben, sollen die Masse der Menschen lediglich auf größere und weitreichendere Kriege vorbereiten. Terrorismus, eine Erfindung dieser Mächte, hält eine nebulöse internationale Bedrohung im Bewusstsein der Massen aufrecht und erlaubt es den wahren Kriegstreibern, aus dieser Bedrohung, die man sich nach Belieben aus den Fingern saugen kann, Kapital zu schlagen.

Die überlebenden Regierungskräfte werden versuchen, den Leuten klarzumachen, dass Krieg das einzige Mittel zum wirtschaftlichen Überleben ist und in der Tat wird die Wirtschaft einiger Länder durch kriegsbedingte Aktivitäten einen Boom erleben. Die Aussichten auf Arbeitsplätze und wirtschaftliche Erholung werden die Hilflosen in die Hände dieser Mächte zurücktreiben. So wird der letzte Halt der Dunklen Mächte von Krieg gekennzeichnet sein, dem glatten Gegenteil der Schöpfung.

Diesmal hat die Große Bruderschaft des Lichts jedoch ihre eigenen Truppen auf der Erde versammelt. Nie zuvor in der Geschichte der heutigen Zivilisation gab es auf der Erde so viele Reinkarnationen der edelsten und heroischsten Seelen, die bereit sind, gegen diese Kräfte zu kämpfen. Nie zuvor hat die Bruderschaft die Menschheit mit so viel Licht und Ideen durchdrungen, und mit Gegen-Ideen von Liebe und Frieden durch die Kraft des Weiblichen Strahls der Energie der Heiligen Mutter.

Und durch die Enteignung der Menschen von ihrem materiellen Wohlstand, werden die Dunklen Mächte genau das Gegenteil von dem erreichen, was ihnen vorschwebt. Sie werden frontal auf die Leute treffen, die sie seit Jahrhunderten zu unterdrücken suchten, denn diese materielle Enteignung wird die kreative Kraft des Universums frei setzen, den inneren Gott jeden Individuums. Da das Gleichgewicht zwischen weiblicher und männlicher Stärke in jedem Individuum erwacht ist, werden die Massen den Dunklen Mächten schließlich widerstehen und sich nicht länger wie Schafe führen lassen. Sie werden erkennen, dass sie selbst Götter und Göttinnen sind und in der Lage, die verdrehten Stimmen zu erkennen, die sie auffordern, ihnen zu folgen, doch stattdessen werden sie in sich selbst hineinhorchen und die Gefolgschaft verweigern. "Keine Kriege mehr. Es reicht," werden sie beim Sturm auf die symbolische Bastille rufen. Und so werden die letzten Bastionen im Reich der Dunklen Mächte fallen.

Jeder, der ihnen zu Hilfe eilt, wird niedergeschlagen werden, denn sie werden wie eine offenen Wunde sichtbar sein. Sie werden sich nicht mehr verstecken können, denn nicht nur die Beschleunigung wird sie an die Oberfläche bringen, sondern auch die Menschen werden erkennen, wer sie in Wirklichkeit sind. Und einer nach dem anderen werden sie auf Nimmerwiedersehen von diesem Planeten vertrieben werden. Der Meister Sanctus Germanus und seine Anhänger werden zur Stelle sein, diese Säuberung anzuführen.

Einige praktische Vorschläge

Über den Umgang mit eisteskrankheit

Der Wahnsinn überflutet unseren Planeten, aber wenn du in einen Nebel gehüllt wirst, suchst du instinktiv nach Licht, denn es ist der einzige Ausweg. Jetzt weißt du, was dich erwartet.

Was du bislang erfahren hast, ist erst der Anfang. Du musst dich auf noch mehr Wahnsinn einstellen. Aber wisse: Du wirst nicht darin gefangen bleiben oder verloren gehen, selbst wenn du zwischenzeitlich einmal ausrutschen solltest, nur ein wenig, so wie wenn man durch eine große Pfütze voll Matsch läuft. Dass du ins Straucheln geraten bist,heißt nicht, dass du im Matsch versinken musst. Finde wieder dein Gleichgewicht, so rasch wie möglich. Nimm eine Auszeit.

Vermeide jeglichen Stress, aber vor allem wende dich mit der Bitte um Hilfe an die Großen Herren der Bruderschaft, denn sie stehen bereit zu helfen, aber gemäß dem kosmischen Gesetz können sie der Menschheit nur dann helfen, wenn man sich in Gebeten und Anrufung an sie wendet!

Behalte deine Balance und lass dich nicht von dem Wahnsinn überwältigen, der dabei ist, diesen Planeten zu übernehmen. Erkenne ihn, und wenn er versucht, sich deiner zu bemächtigen und dich zu benutzen, erkenne es gleichfalls. Schäme dich nicht deswegen und mach es deinen dir Nahestehenden nicht zum Vorwurf, wenn sie Anzeichen davon zeigen, helft einander vielmehr hindurch so gut ihr könnt.

Du musst wissen, dass dieses Armageddon eine Art Seuche sehr körperlicher Natur ist, die bei einigen Leuten zu vorübergehender Demenz führt, sie wahnsinnig werden und dir was auch immer an den Kopf werfen lässt. Du musst wissen, dass das vorbeigeht und dass du hinterher glücklich sein wirst, deine Lieben gesund und wohlbehalten wieder zurück zu haben, denn dann werdet ihr den Photonengürtel passiert haben, der den Wahnsinn, den wir gerade erleben, verursacht.

Aber denke immer daran, dass die Wahnsinnigen ganz einfach wahnsinnig sind, wenngleich auch nur vorübergehend, und nicht wissen, was sie tun, unter Umständen sogar nach dir schlagen. Deshalb pass auf. Biete dich nicht als Zielscheibe an, denn dies könnte zu einem Riss und zu Verstimmungen führen, die lange brauchen, um wieder zu heilen. Sei vorsichtig.

Wenn die giftige Schlange des Wahnsinns zu oft versucht, dich zu beissen, dann sei kein Narr und denke nicht:" Oh, damit werde ich fertig Ich kann hier ruhig länger bleiben." Soviel Dummheit wird höchstens mit einem Grabstein belohnt! Also überschätze dich nicht und unterschätze nicht den Wahnsinn. Und unterschätze vor allem nicht die Kraft deines wahren Selbst, das dich ganz bewusst im Innern deinen nächsten Atemzug tun lässt, das Teil jedes Moleküls und jeder Zelle deines physischen Köpers ist. Es entledigt sich nicht deiner, sondern führt dich durch den Nerven aufreibenden Wahnsinn, damit du schließlich Gesundung erlangst (abgeleitet vom Wort *sanitas)* als dem wahren und natürlichen Zustand aller Dinge in der vierten Dimension, dem Ort, an dem wir sein werden, wenn der Prozess abgeschlossen ist.

Der gesamte Prozess dürfte nicht mehr so lange dauern, vielleicht noch ein paar Jahre. Dann wirst du eine gesundete Erde betreten. Ihr werdet alle sehr glücklich sein, denn diejenigen, die den jetzigen Zustand des Wahnsinns bewahren wollen, werden zusammen mit dem Wahnsinn von diesem Planeten hinweggefegt worden sein.

Geldangelegenheiten

Bis 2012 werden die Türme der wirtschaftlichen und finanziellen Herrschaft eingestürzt und alle Rettungsversuche vergeblich gewesen sein. Die Welt wird eine ernste Wirtschaftsdepression erleben, die mehrere Jahre andauern wird. Diese Situation wird vorübergehend sein, bis die neue Wirtschaftsform, die von der Großen Bruderschaft des Lichts entworfen wurde, sich in den Köpfen der

Menschen verankert hat. Der Zusammenbruch des gesamten Wirtschafts- und Finanzsystems wird jedoch im täglichen Leben für einiges Chaos sorgen. Alle Voraussetzungen deines Lebens werden in Frage gestellt, wenn diese Finanz- und Regierungsbehörden, die dich enttäuschen, ihr wahres Gesicht zeigen.

Um auf die wirtschaftlichen Herausforderungen dieser Zeit vorbereitet zu sein, schlagen wir folgende Vorsichtsmaßnahmen vor:

1. Kaufe Gold- und Silbermünzen, andere Edelmetalle und Edelsteine. Das bildet eine 100% Garantie gegen den Zusammenbruch des Finanzsystems. Bewahre sie an einem sicheren Ort außerhalb einer Bank auf, da Bankenkräche vielfach vorkommen werden. Nur wenige, wenn überhaupt, werden überleben. Die US- Währung wird ebenso wie die Währungen anderer Länder kollabieren, genau wie die Währung der Konföderation nach dem amerikanischen Bürgerkrieg.

2. Kaufe nicht unnötig ein, selbst wenn Regierung und Medien zum Wohle der Wirtschaft zum Konsum aufrufen. Es ist nicht deine Aufgabe, die Wirtschaft durch wahlloses Einkaufen zu retten und dich dabei zu verschulden. Kauf also nur das absolut Notwendige und verkaufe gegen Bargeld, was du nicht unbedingt brauchst.

3. Wenn du noch immer in Aktien, Immobilien oder Mischfonds investiert hast, ziehe dich sofort aus diesem Geschäft zurück und rette, was übrig ist oder kaufe Edelmetalle und Edelsteine mit

diesen Mitteln. Diese "Investitionen auf dem Papier" werden für lange Zeit nicht zu ihrem Wert zurückkehren, wenn überhaupt je. Was du retten und in Gold konvertieren kannst, wird angesichts der Deflation in der Wirtschaft an Kaufkraft gewinnen.

Und vergiss nicht, dass der Kummer und das Leid nur vorübergehend sind und schließlich zu etwas weitaus Besserem im Neuen Zeitalter führen werden.

Meditation

Letztlich werden die Menschen angesichts des Wahnsinns, der unseren Planeten überwältigt, erwachen und die Lage erkennen, und sie werden nach geistiger Gesundung streben, die sie nur in ihrer eigenen Göttlichkeit finden können. Einigen von euch wird das Wort Göttlichkeit Unbehagen bereiten, weil ihr vermutlich euer himmlisches Elternteil, euer Höheres Selbst, schon lange nicht mehr aufgesucht habt. Wir schlagen euch vor, das zu tun, im Herzen und in Gedanken und zwar durch regelmäßige Meditation.

Armageddon ist also dieser schreckliche Filter, den ihr alle durchlaufen müsst, und ihr werdet vielleicht hier und da ein wenig anecken. Aber ihr könnt euch nicht in diesem Netz verfangen, denn euch wurden vorher die Augen geöffnet. Ihr werdet stattdessen unter dem Schutz eurer Göttlichen Mutter hindurchgleiten. Gleitet weiter! Ihr werdet durch diesen Ozean des Wahnsinns gleiten. DIES IST DIE LETZTE GROSSE HÜRDE AUF DIESEM PLANETEN, EHE ER DEN PFAD DER ERLEUCHTUNG EINSCHLÄGT.

Kapitel 8

Das Jahr 2012

Das Jahr 2012, das im Bewusstsein der Menschheit verankert ist, beendet einen Zyklus von 5042 Jahren im Kalender der Mayas und das Zeitalter der Fische. Diesem entscheidenden Jahr werden folgende Ereignisse vorausgehen:

Im Jahr 2004: Das weltweite Finanzsystem wird darum kämpfen, eine Erholung vorzugaukeln, dennoch werden Millionen von Menschen weiterhin ihren Arbeitsplatz verlieren, trotz des fröhlichen Anstrichs, den die Regierung dem Ganzen gibt, um vor den Leuten zu vertuschen, dass der ungebremste Absturz begonnen hat. Dies ist ferner das Jahr der amerikanischen Präsidentschaftswahl, und die Dunklen Mächte werden ihr Bestes tun, um ein möglichst rosiges Bild zu malen, damit ihr Kandidat gewählt wird.

Die Jahre 2005-06: Die ist die Zeit des steilen Absturzes, des Dahinschmelzens des weltweiten Finanzsystems. Alles ist im Zerfall begriffen. Wertpapiere werden sehr zu leiden haben und an Wert verlieren. Dies ist das Jahr der Entscheidung. Um die Weltbevölkerung von ihren ökonomischen Nöten abzulenken, werden die Regierungen versuchen, einen globalen Krieg vom Zaun zu brechen, sehr wahrscheinlich vom Mittleren Osten ausgehend.

Die Jahre 2007-2011: Diese Jahre werden die größte Herausforderung für Armageddon bilden, denn die Weltwirtschaft wird auf Grund laufen und die Welt sich im Krieg befinden. Gegen Ende dieses Zeitabschnitts ist es sehr wahrscheinlich, dass man zum Tauschhandel übergeht, da der US Dollar und andere Währungen, die auf Wertpapieren basieren, als Tauschinstrumente wertlos geworden sein werden. Auf der ganzen Welt wird große materielle Armut herrschen, viel schlimmer und weiter verbreitet als während der Großen Depression von 1929. Die Menschheit wird anfangen, den Sendboten von Liebe und Beistand zuzuhören, die die Bruderschaft und ihre Vertreter auf der Erde ausschicken werden, um dadurch neuen und revolutionären Ideen für ein neues Zeitalter Nahrung zu geben. Jedoch werden die Agenten der Finsternis noch immer anwesend sein und versuchen, das Werk des Lichts zu verunglimpfen und die Menschheit mit in ihren Abgrund zu ziehen, bis alle von ihnen auf die eine oder andere Weise vertrieben sein werden.

Das Jahr 2012: Die Seite des Lichts erreicht die kritische Masse und löst eine Kettenreaktion aus, die den Zeiger zugunsten der Kräfte des Lichts ausschlagen lässt und die Erde wie nie zuvor transformiert. Die Bruderschaft hat dieses bedeutsame Ereignis als großen POP bezeichnet, denn es wird genau dieser Ton sein, mit dem jeder zu seiner wirklichen Natur erweckt werden wird. Die Menschen werden zurück blicken und wie in einem schlechten Traum all die Wirren, die Plagen und Leiden sehen, denen sie lebenslang ausgesetzt waren ! Das ist ein Versprechen.

Am 21.Dezember 2012 werden alle Planeten unseres Sonnensystems in einer Linie mit der Sonne stehen, und die von der Sonne als Quelle ausgehende Energie wird durch die aufgereihten Planeten schießen. Einige Maya-Gelehrte erwarten, dass die Ozeane zu kochen beginnen, aber eine vernünftigere Einschätzung kommt zu dem Schluss, dass sich die Ozeane merklich erwärmen werden, so dass das Schmelzen der nördlichen und südlichen Polkappen sich beschleunigen wird und somit auch die bereits eingeleitete geologische "Bewegung".

Die Lichtarbeiter

In den vorangegangenen Kapiteln haben wir detailliert das schändliche Tun der Dunklen Mächte dargelegt. Zur gleichen Zeit werden jedoch die Lichtarbeiter fleißig ihre Streitkräfte einteilen, um für die Erfordernisse der Ära nach Armageddon gerüstet zu sein.

Beginnend in den Jahren 2002-2003 wird die Bruderschaft einen Weckruf an alle Lichtarbeiter erlassen (auch beschrieben bei Alice A.Bailey und Meister Djwal Khul als New Group of World Servers). Diese Lichtarbeiter, die sich überall auf der Welt in allen Berufen und Betätigungsfeldern inkarniert haben, werden sich in einer Art Übergangsstadium befinden, manchmal zwischen zwei Jobs oder auf der Suche nach einer neuen Betätigung, wenn der Ruf sie ereilt. Manchmal wird es nur der Besuch einer Website sein, ein da oder dort aufgeschnapptes Wort, ein Buch oder ein Film, der jeden von ihnen berühren und einen Prozess des Erwachsens auslösen wird.

Die Lichtarbeiter werden unter der Führung der Aufgestiegenen Meister auf der ganzen Welt dreizehn Organisationen gründen. Jede dieser 13 Organisationen wird je nach ihren Möglichkeiten Zweigstellen in ihrem jeweiligen Erdteil bilden, die den Menschen die Existenz der Aufgestiegenen Meister und ihrer Aktivitäten auf Erden näherbringen. Die Aufgestiegenen Meister werden durch (telepathische) Medien und andere Formen direkter Kommunikation wichtige Nachrichten verbreiten, die der Menschheit helfen werden, die letzten Jahre von Armageddon in Würde zu überleben.

Diejenigen, die willens sind, zuzuhören und die Lehren der dreizehn Organisationen und ihrer Zweigstellen zu beherzigen, werden Zeugen von Wundertaten und Phänomenen sein, die in den letzten zweihundert Jahren kaum je zu beobachten waren.

Mit der Verantwortung jeder der dreizehn Organisationen, Zweigstellen zu gründen, wird weltweit ein komplexes Netz von Organisationen quer durch die Menschheit gewebt, das das Bewusstsein des Einzelnen für die faszinierende Welt der Bruderschaft öffnet. Nach und nach werden diese schlafenden Lichtarbeiter oder Mitglieder der New Group of World Servers erwachen und sich dem Wirken der Bruderschaft anschließen.

Das Jahr 2012 ist das wichtige Jahr der Entscheidung. Dann werden die Aktivitäten der Lichtarbeiter denen der Dunklen Mächte gegenüber die kritische Masse erreichen, und die daraus resultierende Kettenreaktion wird die Erde wie nie zuvor verändern und sie für immer von diesen negativen Entwicklungsformen befreien.

Wesen, die wir als Außerirdische höherer Evolutionsstufen betrachten, werden sich unseren Reihen auf der Erde anschließen. Die Lichtarbeiter werden diese fortgeschrittenen Wesen nähren und schützen, da sie innovative Lösungen von fortgeschritteneren Planeten für die Probleme der Erde anregen werden. Viele, die dieses Buch lesen, werden diese wunderbaren Wesen beherbergen und Wissen von ihnen übernehmen, das nie zuvor auf der Erde erprobt wurde.

Wir können den Prozess beschleunigen, aber nicht verhindern

Müssen wir wirklich bis 2012 warten? Die simple Antwort lautet, nein. Zusammen kann die Menschheit diesen wunderbaren Tag so weit nach vorne verlegen, wie sie nur will. 2008? 2010? Denn immer mehr Menschen erwachen angesichts der sie umgebenden Ereignisse und erkennen, dass die gegenwärtigen Wirren in Wahrheit im Wesentlichen eine Schlacht zwischen Licht und Finsternis sind; sie werden vom Kampf weg auf Wege geführt, wo sie keinen Schaden nehmen. Mehr noch, jedes individuelle Gebet, jede Bitte um Hilfe, die an die Bruderschaft gerichtet wird, erstrahlt, als käme sie von einem Gott oder einer Göttin, denn jedes Individuum stammt von Gott ab.

Wir können den geschilderten Lauf der Dinge nicht aufhalten, denn nur durch diesen Filterungsprozess kann jedes Wesen als das erkannt werden, was es ist. Jedes Gebet, jede Anrufung beschleunigt dagegen den gesamtem

Filterungsprozess, so dass der üble Unrat schneller beiseite gefegt werden kann und der Frieden, der die Schwelle zum Neuen Zeitalter bildet, viel schneller kommen kann.

Es liegt also in der Hand der Menschheit. Wir können dieses Armageddon binnen weniger Jahre zu Ende bringen, oder wir können noch eine längere Zeit darunter leiden. Wie auch immer der zeitliche Rahmen aussieht, die Mächte des LICHTS werden triumphieren, denn sie haben ihren Sieg in den höheren Sphären bereits errungen!

Kapitel 9
Die Zeit des Wiederaufbaus

Auf die großen Umwälzungen des Jahres 2012 wird eine Periode des Wiederaufbaus folgen, um den Eintritt der Erde in das neue Goldene Zeitalter vollständig vorzubereiten - das lang erwartete Zeitalter des Wassermanns. Laut einigen Astrologen soll der Beginn dieses Neuen Zeitalters zwischen 2060 und 2100 liegen. Diejenigen, die einen früheren Eintritt in das Wassermannzeitalter vorhergesagt haben, können an Hand der gegenwärtigen Ereignisse sehen, dass wir uns noch in einer Zeit des Übergangs befinden.

Wenn wir von Wiederaufbau sprechen, meinen wir nicht den Wiederaufbau dessen, was zerstört wurde, denn es ist offensichtlich, dass das, was zerstört wurde, nicht zum Nutzen der Menschheit war. Die Rekonstruktion wird sich hauptsächlich im Bewusstsein abspielen, auf einer völlig veränderten Basis gemäß kosmischer Gesetze.

Das Erwachen zu einem Leben, das frei vom Einfluss der Dunklen Mächte ist, wird jedes Individuum von einer enormen Last befreien. Der Himmel wird blauer erscheinen, als du es dir je vorgestellt hast, und die Blumen werden in leuchtenden Farben blühen und so duften, dass du sie nicht länger übersehen kannst. Du wirst dankbar sein für jeden Atemzug, den du tun kannst, und du wirst zum ersten Mal wahrhaft glücklich sein. Du wirst einen RIESIGEN Seufzer der Erleichterung tun, dass der schlechte Traum vorbei ist. Alles wird heller und besser aussehen. Du wirst es merken, wenn es passiert, denn die Situation wird sich ganz grundlegend von der jetzigen unterscheiden.

Die Leute werden tun, was sie immer getan haben- zur Arbeit oder zur Schule gehen, Hausarbeit verrichten, Freunde besuchen- aber mit einer völlig neuen schwungvollen Perspektive von wirklichem Optimismus und der Hoffnung, dass sie dabei sind, eine wirklich wunderbare neue Welt zu schaffen.

Trotz der schlechten ökonomischen Voraussetzungen werden viele wahre Lebensfreude in der Einfachheit finden. Sie werden Dinge tauschen oder teilen, um ihre Bedürfnisse zu befriedigen. Alte Beziehungen, so sie noch intakt sind, werden erneuert werden, und die Zukunft wird rosig erscheinen wie nie zuvor. Viele werden weiterhin in ihren Jobs arbeiten, aber ihnen eine neue Bedeutung abgewinnen. Sie werden mit ihren Kollegen neue Möglichkeiten der Betätigung erkunden, die nicht nur auf höheren Lohn und Profit abzielen, sondern darauf, ob ihr gemeinsames Tun ihrem Nächsten Gutes bringt. Wir werden alle mit unseren Familien und Freunden in Eintracht leben.

Das Vertreiben von Negativität wird die Atmosphäre reinigen und sie bereit machen für eine Schar von Geistführern und Elementalen, die rund um die Erde schweben und mit der wachsenden Zahl von hellsichtigen und hellhörigen Inkarnierten auf der irdischen Ebene in Kontakt treten wollen. Die Seelen, die aber auf der astralen Ebene gegen die Interessen der Menschheit arbeiten, werden auch verbannt werden und nicht länger in der Lage sein, die Menschen telepathisch zu beeinflussen.

Entwickelte Wesen in den höheren Sphären, die Meister der Weisheit, werden telepathische Mittel benutzen, um ihre Eingeweihten und Schüler auf Erden beim Wiederaufbau zu leiten. Sie werden die Welt darauf vorbereiten, die Lehren des kommenden Weltenlehrers auf den Wellenfrequenzen der Medien und durch das Internet zu empfangen, zweier Instrumente, mittels derer die Menschheit den Wiederaufbau betreiben wird.

Der göttliche Plan für die Erde wird mit jedem Tag mehr und mehr enthüllt. Heute wissen wir, dass sein Hauptziel, das von seinem wichtigsten Exponenten, dem Meister Sanctus Germanus betrieben wird, das der Seelen-Befreiung ist. Die gesamte Menschheit muss an diesem erhabenen Ziel mitwirken.

Die Verfassung der Neuen Welt

Die Vereinten Nationen werden sich während des III.Weltkriegs selbst diskreditiert haben, und die größten und verantwortungsbewusstesten Köpfe der Welt werden zusammenkommen, um eine neue weltweit gültige Verfassung für das kommende Zeitalter zu entwerfen. In gewisser Weise ähnlich der Entstehung der US-Verfassung, wird der Meister Sanctus Germanus der Verfassung gebenden Versammlung die Richtlinien für das neue Zeitalter einstrahlen. Die genaue Ausgestaltung dieser Verfassung wird von der Anwendung der Lektionen abhängen, die im vorhergehenden Zeitalter zu lernen waren und von der Offenheit der Menschen den Vorschlägen der Großen Bruderschaft des Lichts gegenüber.

Der Aufbau einer Neuen Weltunion

Der Wiederaufbau einer neuen Weltunion wäre die natürliche Konsequenz aus der Schlacht zwischen Licht und Finsternis. Der Sieger, die Mächte des Lichts, werden eine neue Weltordnung nach der Spirituellen Hierarchie ausrichten, denn nur auf diese Weise könnte die Evolution der Menschheit den spirituelleren Weg widerspiegeln, den die Erde dann eingeschlagen haben wird. Die Welt auf den rechten Weg zu bringen, wird eine Gruppe von Adepten und Eingeweihten erfordern, die sich bislang so lange in den Hinterzimmern der Macht damit abgeplagt hatten, die Führer der Welt zu beeinflussen. Sie werden nun die Menschheit telepathisch beim Aufbau einer neuen Weltordnung leiten.

Wie erwähnt, würde in den Anfangsjahren des Wiederaufbaus die neue Unterweisung der Menschheit in den kosmischen Gesetzen und Prinzipien Vorrang vor allen anderen Tätigkeiten haben. Die Hierarchie, die sich vom Amt des Weltenlehrers bis zum Mann auf der Straße erstreckt, wird die Lehren weitergeben, die dazu geeignet sind, die Menschheit durch die Kenntnis der kosmischen Richtlinien und Gesetzmäßigkeiten auf ein höheres Niveau zu heben. Spirituelle Führer werden Einzelne telepathisch anleiten; Programme in den Medien werden Beispiele für diese Prinzipien verbreiten; Adepten und ihre Schüler werden in neuen Schulen und Universitäten die Geheimlehre unterrichten; und die Erziehungsbehörden werden schließlich die allen Lehren zugrunde liegende Basis erfassen.

Sobald diese Prinzipien und kosmischen Gesetze von den Führern erfasst und verstanden worden sein werden, wird es der Menschheit selbst überlassen sein, wieder eine neue Weltordnung zu schaffen. Einige Hinweise dazu folgen hier:

Die Überwindung des Nationalstaats

Die Rolle der Nationalstaaten im Leben der Menschheit wird allmählich schwinden, in dem Maße wie ihre wahre Bedeutung als Instrumente von Krieg und Konflikt ans Licht kommen. Als relativ neue Erfindung ging die Welt, wie wir sie heute aufgeteilt in einige hundert Nationalstaaten sehen, aus vergangenen Königreichen hervor, denen imperialistische Herrschaftsreiche folgten und schließlich nach dem II. Weltkrieg die Entkolonialisierung. Als säkularer Staat repräsentierte er zu seiner Zeit einen Schritt vorwärts bei der Befreiung der Menschheit von den finsteren Prinzipien der Kirche, machte sich aber unglücklicherweise andere Formen von Unterdrückung zu eigen.

Das Konzept der nationalstaatlichen Souveränität innerhalb klar umrissener Grenzen führt zu einem staatlichen Egoismus, der es seinen Führern erlaubt, ihre Bürger mit einer Reihe von bestialischen Techniken zu unterdrücken, die physische Folter und massive Einschüchterung durch Gräueltaten beinhalten. Staatliche

Souveränität erlaubt es den Führern auch, das Denken der Menschen innerhalb der Grenzen zu kontrollieren und zu manipulieren, indem man sie bei Wohlverhalten mit Nahrung versorgt und bei missliebigem Verhalten hungern lässt. Die ganze Bandbreite des Grauens zur Unterjochung der Menschheit findet unter dem Deckmantel staatlicher Souveränität statt. So wurde das Prinzip der Nationalstaatlichkeit, das einst ersonnen worden war, um die Menschheit von den Ketten religiöser Unterdrückung zu befreien, einfach von den Dunklen Mächten übernommen, um das "Königssyndrom" zu fördern.

In Anlehnung an die von Atlantis übernommen Charakteristika der Dunklen Mächte wurde der Nationalstaat zu einer kriegsführenden Einheit, der die Menschheit öfter als ihr lieb war, in Krieg und Zerstörung von weltweitem Ausmaß führte. Heutzutage werden die großen Militärmächte auf staatlicher Ebene aufgebaut und weiter entwickelt, und mit dieser Militärmacht kann ein Nationalstaat einen anderen unterdrücken oder anderen Kriege aufzwingen. Selbst Bürgerkriege entstehen aus dem Wunsch, aus einer Nation zwei getrennte Nationen zu machen. So gesehen, hat der Nationalstaat den Dunklen Mächten gute Dienste geleistet, denn er versorgte sie mit dem Mittel, ihre beiden besonderen Anliegen, die Akkumulation von Kapital (durch erzwungene Besteuerung) und Kriegstreiberei, durchzusetzen. *Teil des Erwachens wird die Erkenntnis sein, dass der Nationalstaat ausgedient hat.* Das bedeutet, dass Organe auf der Ebene von Staat, Provinz, Distrikt und städtischer Behörden auch als überholt gelten dürfen. Aus ihrer Asche werden während der Periode des Wiederaufbaus neue Organisationen entstehen, die

die Gruppierungen des Neuen Zeitalters widerspiegeln welche durch fortgeschrittene Breitband- und Telekommunikations-Netze jenseits nationalstaatlicher Beschränkungen verbunden sein werden. Heute sehen wir bereits, wie das Internet viele Bereiche der nationalstaatlichen Gesetzgebung nichtig hat werden lassen. In den kommenden Jahren werden weitere Zusammenbrüche dieser Art augenscheinlich zu Tage treten. Mehr können wir dieser Tage nicht voraussagen, denn vieles hängt davon ab, welche alternativen Organe die Menschheit gemeinsam erschaffen wird.

Das Gesetz der Hierarchie

Das kosmische Gesetz der Hierarchie wird die Lücke füllen, die sich durch die Abdankung der alten, noch von Atlantis herrührenden Herrschaftsinstitutionen auftun wird. Es wird klar werden, dass das Universum immer schon hierarchisch aufgebaut war, um die Weisheit zu bewahren, die von Wesen höchster Intelligenz den Massen der Menschheit weitergegeben werden muß. Neue Regierungsformen werden gemäß dem Gesetz der Hierarchie entstehen, sobald die Spirituelle Hierarchie sich sichtbar bis auf die irdische Ebene herunter ausdehnt. Der Beibehalt dieser Struktur sichert die Qualität und Reinheit ihrer Lehren.

Wenn sie nach kosmischen Prinzipien und Gesetzen ausgerichtet ist, wird die neue Weltordnung notwendigerweise eine Erweiterung der Spirituellen Hierarchie der Großen Bruderschaft des Lichts sein, denn der Marsch aufwärts zu individueller spiritueller Entwicklung muss unausweichlich den Pfad einschlagen, den die Schwestern und Brüder, die Meister der Bruderschaft, uns gebahnt haben. Egal auf welcher Ebene wir uns in der Hierarchie der neuen Welt in der Zeit des Wiederaufbaus und später im Zeitalter des Wassermanns befinden werden, der Pfad zur endgültigen Befreiung unserer Seele wurde für uns bereits ausgeschildert.

Die Neuerziehung der Menschheit: Der Weltenlehrer erscheint im Jahr 2020

Der Meister Sanctus Germanus sagte einst:" Wenn sie es besser wüßten, würden sie es auch besser machen." Diese Bemerkung lässt die Hoffnung anklingen, dass die Menschheit, wäre sie besser erzogen nach den unveränderlichen kosmischen Prinzipien und Gesetzen und ihrer Anwendung im täglichen Leben auf der Erde, die Welt neu errichten und für das Zeitalter des Wassermanns tauglich machen könnte. Natürlich kommt das Prinzip des freien Willens zur Anwendung, und die Menschheit wird eine neue Chance erhalten, die Bausteine der Weisheit zu erlernen, um das Neue Goldene Zeitalter aufzubauen.

Der Weltenlehrer, in welcher Gestalt auch immer er vorhergesehen wird, wird vom Planetarischen Logos überschattet werden, dem Herrn der Welt, dem Alten der Tage, dem Lord Sanat Kumara. Der Lehrer wird schon früh als außerordentliches Wesen mit außergewöhnlicher Begabung und ebensolchen Fähigkeiten in Erscheinung treten. Wenn alles nach Plan läuft, wird er oder sie im Jahr 2020 damit beginnen, der Welt die Lehre vom Goldenen Zeitalter zu überbringen.

Diese Lehren werden vom Sitz des Christus oder Weltenlehrers ausgehen und werden telepathisch aufnahmebereiten Anhängern eingepflanzt werden, in den Jahren vor dem Wiederaufbau . Ein Kern von inkarnierten Schülern und Lichtarbeitern ist bereits vor Ort und wird dahingehend ausgebildet sein, dass er die Lehren des Weltenlehrers verstärken kann, die sowohl telepathisch als auch durch die Massenmedien hervorströmen um die Erdbevölkerung umzuschulen.

Kommunikation wird von maßgeblicher Bedeutung beim Wiederaufbau der Institutionen auf der Erde sein. Während des verrückten Cyberbooms der dot.coms in den 90iger Jahren wurde eine alle Kontinente verbindende Infrastruktur mit auf dem Meeresgrund verlegten Fiberglaskabeln geschaffen. Dieses Netzwerk ist das geistige Produkt von Meister Sanctus Germanus und wird auf dem Meeresgrund unbeeinträchtigt von den Wirren des Armageddon bleiben. Vor dem Erwachen wird dieses Netzwerk zum geeigneten Zeitpunkt wieder aktiviert werden, und neue Impulse in der Technologie des Breitbandinternets werden nachfolgen, die die heutigen Fortschritte ziemlich primitiv erscheinen werden lassen. Man wird jeden Fernseher und jeden Computer mit diesem Hochgeschwindigkeits-Kommunikationsnetz verbinden können. Die Super-Internet-Technologie wird eine nicht zu unterschätzende vereinende Rolle in den kommenden Jahren des Wiederaufbaus spielen.

Zusätzlich werden während der Zeit von Armageddon die drahtlosen Satelliten -Systeme der Telekommunikation intakt bleiben. Diese wunderbaren Kommunikationssysteme werden zu einer wahrhaft fortschrittlichen Form des Internets führen, die auf nie gesehene Art und Weise alle Winkel des Globus miteinander verbinden wird. Dies ist der Vorläufer des Prinzips der Einheit (oneness). Jetzt ist der Zugang zur Welt durch das Internet zwar auch schon möglich, aber die Zukunft wird noch großartigere Möglichkeiten hervorbringen, so dass Individuen und Gruppen von Individuen mit Leichtigkeit mit ihresgleichen auf der ganzen Welt interagieren können. Die großen Sendeanstalten werden nicht länger das Informationsmonopol besitzen.

Jeder Einzelne wird dazu in der Lage sein, einen Film zu produzieren und ihn auf effizientere Art und Weise zu vertreiben, als es das gegenwärtige Vertriebssystem erlaubt. Man denke an die drahtlosen Kommunikationswege und wie die Menschen heutzutage vollwertige Computer sowie direkte Kommunikation durch Luftwellen am Körper tragen. Man wird keine lästigen Kabel mehr brauchen. Man wird seinen Computer überallhin auf der Welt mitnehmen können und dabei ständig im Internet sein. Diese Formen der direkten Kommunikation sind die Vorläufer der telepathischen Kommunikation, die folgen wird.

Das hoch entwickelte optische Fiber-Netzwerk und drahtlose Kommunikationssysteme erwarten den kommenden Weltenlehrer, denn dieses Mal kommt Er nicht unbedingt in Menschengestalt wie Jesus oder Buddha, sondern eher als eine Ansammlung kosmischer Herrschaftsprinzipien, die in allen Medien verbreitet werden- Filme, Talk-Shows, Bildungsseminare, Spiele und dergleichen mehr -und per Breitband-Kommunikationssystem auch den hintersten Winkel der Erde erreichen. Das

Ausmaß, bis zu dem die Menschheit bereit ist, diese Prinzipien anzunehmen, wird darüber bestimmen, bis zu welchem Maß die menschliche Gesellschaft in der Lage sein wird, in selbstregierenden Einheiten weiter zu leben, ganz im Gegensatz zu den im Zeitalter der Fische vorherrschenden Regierungsstrukturen.

Diejenigen, die mit der Verbreitung dieser Prinzipien beauftragt sind, werden jetzt für diese Aufgabe ausgebildet.

Dass man damit sofort Visionen von Big Brother herauf beschwört, der die Menschheit unterdrückt und einer Gehirnwäsche unterzieht, ist nur natürlich, wenn man an unsere Erfahrungen im Zwanzigsten Jahrhundert denkt. Wenn man sich jedoch eine Welt ohne die Negativität der Dunklen Mächte vorstellt, so wird es keine Unterdrückung oder Herrschaft im Zusammenhang mit dem Gebrauch dieser Systeme zur Erleuchtung der Menschheit geben.

Die Prinzipien des Weltenlehrers, die durch das Internet verbreitet werden, werden diejenigen sein, die das Weltall regieren. Es sind kraftvolle Prinzipien, die ihren Rückhalt in der Liebe und im Willen Gottes haben. Und bislang war das Universum im Lauf seiner Entwicklung in den vergangenen Millionen von Jahren ja durchaus in guten Händen und es ging ihm gut! "An ihren Taten werdet ihr sie erkennen." Die Lehren des Weltenlehrers sollen danach beurteilt werden, in wieweit sie jeder einzelnen Seele den Weg zur Befreiung weisen können.

Die Erde muss sich unter dieser heiligen

Herrschaft in die Reihe der anderen Planeten einordnen, damit ein Zustand auf der Erde erreicht wird, bei dem sich jedes Atom in seiner Sphäre in vollkommener Harmonie mit dem Rest der Schöpfung bewegt.

Der Wiederaufbau einer menschlichen Gesellschaft: Die Rückkehr an den Busen der Natur

Wie bereits im vorhergehenden Kapitel erwähnt, durchläuft die Erde eine Phase der Beschleunigung, um den Plan der Evolution erfüllen zu können. Wir als Erdenbewohner werden von dieser Welle der Beschleunigung mit erfasst und sind gewissermaßen gezwungen, uns mit der Erde weiter zu entwickeln oder sie zu verlassen. Diejenigen, die nach Armageddon noch auf der Erde sind, werden die Wahl getroffen haben zu bleiben und sich mit der Erde auf ein helleres Licht zubewegen. Es wird viele geben, die nicht bleiben wollen und die zu anderen Entfaltungsmöglichkeiten im Universum übergehen werden.

Sobald sich der große LOGOS, der Geist, der im Innern der Erde wohnt, auf seinem Weg weiter entwickelt haben wird, werden jene, die auf der Erde geblieben sind, viele der Antworten finden, die sie bei ihrer individuellen Entwicklung auf der Erde gesucht haben. Es wird zu einer Verlagerung von den Städten hin zu einer Rückkehr aufs Land kommen. Die Menschen werden, wie es ein Mitglied der Bruderschaft beschreibt, mit den Füssen in der Erde scharren, um die Weisheit, die in der Vergangenheit einst dort lag, zu finden. Während der großen Depression von Armageddon wird Nahrungsmangel die Menschen auf der Suche nach besserer Versorgung von den Städten aufs Land treiben. Mehr Menschen werden mit Landwirtschaft und Gartenarbeit beginnen, um zusätzliche Nahrung auf den Tisch zu bringen, und ihre Kinder werden sich der harten, aber befriedigenden Feldarbeit zuwenden. Dieser Trend wird die Menschen wieder in Kontakt mit der Erde bringen und ihrer Erlösung näher kommen lassen. Die Türme der Stadt können keine Antwort geben auf die Frage nach der Befreiung der menschlichen Seele.

Teil dessen, was uns die Erde lehren wird, ist, dass ALLE so genannten Naturreligionen gültig sind, denn die Große Bruderschaft des Lichts setzte Götter und Göttinnen zu einem bestimmten Zweck in verschiedenen Erdteilen ein, damit sie die alte Weisheit denen, die dort leben, auf eine Art und Weise vermitteln, die diese verstehen können. Jedoch zerstörten seit Jahrhunderten andere, aggressivere Religionen, vor allem das Christentum und der Islam - die von den Dunklen Mächten übernommen worden waren- systematisch diese Erdgötter und –göttinnen und zwangen das Brandmal ihres Glaubens den anderen auf. ALLE ethnischen Religionen und religiösen Überzeugungen werden erneuert werden und es dem Menschen erlauben, seinen Kontakt zur Erde wieder zu beleben. Nach einiger Zeit wird man feststellen, dass alle diese ethnischen Glaubensströmungen in der Tat derselben Quelle entspringen, nämlich Gott dem Allmächtigen.

Auf der spirituellen Ebene arbeitet zur Zeit ein Kommittee von ehemaligen religiösen Führern emsig daran, die Schriften der verschiedenen irdischen Religionen in Einklang zu bringen, so dass schließlich ALLE Religionen und Glaubensströmungen unter dem Dach EINER Religion vereint werden können, die vom Weltenlehrer gelehrt werden wird. Je näher der Mensch die Erde betrachtet, desto näher wird er der Erkenntnis kommen, dass es nur EINE Religion gibt.

Städte sind nicht länger vorherrschend

Viele der großen Städte, die als weltweite Finanzzentren erblüht waren, werden beträchtlich an Größe und Einfluss verlieren. Einige zweitrangige Wirtschaftsräume wie Kanada und Südamerika werden zu Zentren für Bildung, Kultur und den Künsten aufsteigen und die Welt auf ihrem Wiederaufbaukurs leiten. Die Leute werden nicht länger gezwungen sein, zur Wahrnehmung ihrer Chancen in die Städte zu strömen, denn was sie suchen, wird durch weiter entwickelte Formen des Internets auch Zuhause zugänglich sein. Mit anderen Worten, sie werden nicht mehr gezwungen sein, in städtischer Umgebung zu wohnen, um zu überleben, und jeder wird seinen Wohnort frei wählen können.

Gemeinden werden sich zusammenfinden, um ihre verschiedenen Lokalitäten wieder aufzubauen. Die Zerstörung durch Armageddon wird sehr selektiv vor sich gegangen sein und das getroffen haben, was der Menschheit nicht gedient hat. Alles Nützliche wird hingegen überdauern. Weite Teile der einst vorherrschenden Regierungspräsenz werden nicht mehr existieren, da sie mangels Steueraufkommen in die Bedeutungslosigkeit versinken werden. Die Menschen werden deshalb auf lokaler Ebene Selbstverwaltung einführen und äußerst überrascht feststellen, dass sie ohne eine über ihnen lastende schwerfällige Regierungsstruktur auskommen. Sie werden feststellen, dass ihre Regierungen wirklich sehr wenig getan hatten, um ihnen zu helfen, sondern lediglich überhöhte Steuern erhoben und Ressourcen für ihre unproduktiven Aktivitäten abgezogen hatten. Die Befreiung vom Joch der Regierungen und ihrer unersättlichen Bedürfnisse wird eines der Erkennungszeichen der Zeit des Wiederaufbaus sein.

Wer wird dann für die Aufrechterhaltung von Gesetz und Ordnung sorgen? In der Periode des Wiederaufbaus wird die Erde die Elemente los geworden sein, die soviel Zank und Konflikte verursacht hatten, dass riesige Polizei- und Verteidigungsapparate die Regierungsausgaben beherrschten. Mit der Eliminierung dieser Elemente werden Polizei und Militär zu Relikten aus der Vergangenheit werden und die Menschen stattdessen von Prinzipien geleitet werden. Das Konzept des Ein-Mann-Sheriffs wird zurückkehren.

Die Gemeinden werden die Notwendigkeit erkennen, die wesentlichen Transport- Kommunikations- und Bildungsinfrastrukturen aufrechtzuerhalten, und sie werden sich zu diesem Zweck untereinander abstimmen um sich gegenseitig zu verbinden. Was den Fortbestand der nationalen Infrastruktur betrifft, wie Autobahnen, Luft- und Schifffahrtswege, werden die Gemeinden entscheiden müssen, ob diese wirklich für die endgültige Befreiung der Seelen notwendig sind. Wieviel Konsum existieren wird, wird letztlich vom Kurs der Menschheit abhängen, eine Wahl, die sie noch einmal treffen kann. Wird es eine

Notwendigkeit dafür geben, Tausende von Warencontainern zu transportieren, wie wir es jetzt tun, oder werden wir unsere gottgegebenen Fähigkeiten einsetzen, Dinge geistig herzustellen? Werden wir uns weiterhin selbst großen Transportmitteln anvertrauen wie Zügen, Flugzeugen oder Schiffen, oder werden wir unsere angeborenen Fähigkeiten entwickeln, durch Astralreisen zu jeder Zeit an jeden gewünschten Ort zu gelangen? Dies sind die eindrucksvollen Entscheidungen, vor denen die Menschheit im Neuen Zeitalter steht.

Das Fundament der Gruppenstruktur

Während der vergangenen Jahrhunderte gab uns die Kommunikation mit den so genannten Toten auf der weiten Astralebene eine Vorstellung davon, wie das Leben auf der Erde organisiert werden könnte. Zeugnisse derer, die ihren Körper verlassen haben, aber in einem für die fünf Sinne unsichtbaren, verfeinerten (ätherischen) Körper wohnen, sprechen von einem Leben ohne die Plackerei, genug Geld für die Miete und die Nahrung der Kinder zu verdienen. Diese Andeutungen zeigen uns ein Leben, in dem man nur an ein Tudor-Haus denken muss und es ist da, oder an den Nachmittagstee und er ist da usw.

Die Menschheit insgesamt mag vielleicht eine derartige Entwicklungsstufe nicht erreichen, aber solch ein Fortschritt bei dieser spirituellen Evolution ist möglich. Die Umschulung der Menschheit wird die Ziele der Menschen an den angeborenen Fähigkeiten ausrichten, die vom Gott in uns erzeugt werden. Sie werden sich an neuen Helden ein Beispiel nehmen, die an die Stelle des

Marlborough-Mannes, Rocksängern oder Wirtschaftmagnaten treten werden. Die Meister der Weisheit der Großen Bruderschaft des Lichts werden als Vorbild dessen dienen, was jede einzelne Seele erreichen kann, solange sie noch auf der irdischen Ebene weilt.

Alle Institutionen, die NICHT den Interessen der Menschheit dienen, werden in der Zeit von Armageddon vernichtet werden. In Übereinstimmung mit dem kosmischen Gesetz der Anziehung, werden sich diejenigen mit gleichartiger Schwingung zusammenfinden und Gruppen bilden, so weit reichend und voneinander abweichend, wie man es sich nur vorstellen kann, und dennoch werden alle behaupten ihre Quelle in dem einen Gott zu haben. Jeder Einzelne wird auf der Stelle mit jenen in Kontakt gebracht werden, mit denen er auf natürliche Weise am meisten kompatibel ist. Der große Komplex von Einfällen, aus denen Gottes Schöpfung sich speist, entzieht sich dem menschlichen Verstand, aber die Gruppen, die die menschliche Gesellschaft bilden, werden die breit gefächerte Vielfalt des göttlichen Bewusstseins wiederspiegeln und allen Reichtum der Schöpfung zum Vorschein bringen.

Da die Individuen auf der Schwingungsebene der Seelen zusammengeführt werden, wird es keine Konflikte innerhalb der Gruppen geben. Nicht nur dass die Schwingungsebenen innerhalb jeder Gruppe harmonisch sein werden, vielmehr wird auch ihre besondere Aufgabe im göttlichen Plan im Einklang mit ihren Schwingungsebenen stehen. Jede Person und jede Gruppe wird erfüllt sein mit göttlichen Absichten, wenn die neuen Lehren des Weltenlehrers das Bewusstsein der Menschheit überfluten werden. Jene, die sich diesen Strömungen entziehen wollen, müssen ganz einfach nur den Planeten wechseln.

Verbliebener menschlicher Widerstand

Bis zum Jahr 2012 wird die kritische Masse auf Seiten der guten und unschuldigen Seelen auf Erden es der Menschheit ermöglichen, die Erde wieder neu zu erschaffen auf der Grundlage der ausgeglichenen Eingliederung sowohl weiblicher als auch männlicher Energien. Ihr Verständnis der höheren Prinzipien wird an diesem Punkt nicht größer sein als es vor dem großen Knall war. Der Hauptunterschied wird in der Abwesenheit der Dunklen Mächte liegen, die das Leben so schwierig machten, allen Bemühungen zum Trotz.

Das bedeutet nicht, dass zur Zeit des Wiederaufbaus jeder mit jedem im Einklang stehen wird. Genau wie die hierarchische Struktur auf der spirituellen Entwicklung des Einzelnen basiert, werden auch weiterhin individuelle Unterschiede in der Intelligenz und auf der Bewusstseinsebene bestehen. Diese Unterschiede werden jedoch nicht zur Dominanz der einen über die anderen führen. Diskussionen über Verfahrensweisen oder gemeinschaftliche Entscheidungen werden einen anderen Beigeschmack haben, den des konstruktiven Aufbaus, bei dem jede Stimme konstruktiv zur Formulierung von Vorgehensweisen beiträgt, anstatt dem Gegner den Dolch in den Rücken zu stoßen, sich in politischen Posen zu erschöpfen und der unverblümten Sabotage, die sich oftmals im politischen Prozess heutzutage offenbart.

In dieser neuen Atmosphäre muss der Mensch immer noch seinen eigenen Stärken und Schwächen gegenübertreten. Er wird nicht länger anderen oder den negativen Umständen die Schuld zuweisen können. Die neuen Bedingungen, die sich vor ihm ausbreiten, werden sein spirituelles Wachstum begünstigen. FALLS er diesen Weg bewusst einschlägt. Das Prinzip des freien Willens wird erhalten bleiben, aber die Wahlmöglichkeiten werden subtiler sein. Es wird von Seiten der negativen Kräfte keine schweren Manipulationen und keine abstruse Logik für Gut und Böse mehr geben, mit dem Ziel, die Menschheit zu verwirren. Die einzige Verwirrung, die weiter bestehen wird, wird die innerhalb des Menschen selbst sein, doch wenn er auf seine Seele hört, wird der Ausweg aus dieser Verwirrung klar vor ihm erscheinen.

So wird eine der Hauptaufgaben in einem frühem Stadium des Wiederaufbaus darin bestehen, die Menschheit neu zu erziehen zur Innenschau, zur Erkundung der eigenen Seele und des **inneren Raums** , der die eigentliche Wirklichkeit aller Dinge ausmacht.

Veränderungen beim Übergang

Die Spuren der Welt von heute werden im Lauf der Zeit nach und nach vergehen. Es wird eine Zeit kommen, in der es kein Geld, keine Banken, keine Wirtschaft, wie wir sie heute kennen, mehr geben wird. Mit fortschreitender Befreiung der Seele wird die Menschheit die Fähigkeit erwerben, ihre Bedürfnisse mental zu befriedigen. Der Mensch wird fähig sein, den Göttlichen Willen zur Bedürfnisbefriedigung anzurufen, ganz wie in der ätherischen Dimension, die über der physischen schwebt. Wenn die individuellen Seelen sich ein bestimmtes Haus wünschen, werden sie es "willentlich" erschaffen können. Wenn jemand lieber unter den Sternen leben will, so ist ihm das frei gestellt. Die ultimative Freiheit ist dann erreicht, wenn die einzelne Seele wirklich das tun kann, was sie will, ohne ihrem Nächsten zu schaden.

Eine derart freie Organisationsform kann nur auf höheren materiellen Ebenen erreicht werden, wie sie die ätherische Ebene darstellt. Die Menschheit wird diese ätherische Vision und die Möglichkeit, auf dieser Ebene zu gedeihen, neu entdecken, während die Überreste der Institutionen der dichten physischen Welt ihr werden zu Diensten sein müssen. Ohne den Konflikt und die Barrieren, die immer mit der Präsenz der Dunklen Mächte einhergingen, wird die Menschheit jedoch eine nie zuvor gesehene Geschwindigkeit und Präzision bei der Evolution erleben.

Die Auflösung des Hungers

Als Teil der Erdevolution hin zu einem höheren Zyklus werden die klimatischen Bedingungen während der Periode des Wiederaufbaus Rekordernten begünstigen. Auf der Erde werden Nahrungsmittel im Überfluss wachsen, so dass keine Gruppierung mehr Kontrolle über die Nahrungsmittelproduktion ausüben und sie zur Erlangung von weiterem Einfluss nutzen kann.

Gleichmäßig verteilte Agrarproduktion wird alle lokalen Kommunen mit Nahrungsmitteln versorgen, so dass keine Region von einer anderen abhängig ist. Das von allen so sehr gewünschte Ziel der Selbstversorgung wird erreicht sein.

Es wird keine hungrigen Mägen mehr geben, denn Hunger war nichts anderes als ein Instrument zur Kontrolle, ein Mittel, um Teile der Welt zu unterdrücken, so dass der Wohlstand sich in anderen Gebieten konzentrieren und voll ausgebeutet werden konnte. Mit fortschreitendem Wiederaufbau werden Veränderungen in der geologischen Zusammensetzung der Erde überlebensfähiges Farmland in Südamerika, Kanada und gegenwärtigen Wüstenlandschaften eröffnen. Weite Landstriche von fruchtbarem jungfräulichem Boden, die während der Jahre des Aufruhrs mit Absicht treuhänderisch verwaltet worden waren, werden für die Nahrungsmittelproduktion und gewerblichen Getreideanbau zur Verfügung stehen.

Können wir uns Landwirtschaft ohne die Notwendigkeit des Einsatzes von Pestiziden und Kunstdünger überhaupt noch vorstellen? Diese Möglichkeit wird sich, unter den heutigen Polkappen, Wüsten und Regenwäldern eröffnen. Diese Landstriche werden eine führende Rolle während der Periode des Wiederaufbaus spielen.

Das Bankensystem

Während der Zeit des Wiederaufbaus wird das Bankensystem einen raschen Niedergang erleben, sobald diese Türme der Ungleichheit einstürzen werden, wenngleich ihr Vertriebssystem, wie zum Beispiel das elektronische Bewegen von Geldern, für eine bestimmte Zeit noch fortbestehen werden. Während dieser Übergangszeit werden spirituelle Adepten, die im Bankenwesen geschult wurden, dieses System verwalten.

Am Ende von Armageddon und am Beginn der Periode der Rekonstruktion werden die Menschen ein System des Tauschhandels auf die Beine gestellt haben, das ganz ohne Geld auskommen wird. Geldenergie, die in verschiedenen Orten auf der Welt gelagert ist, primär in Form von Gold, wird mithilfe der Bankeninfrastruktur verteilt werden. Für eine kurze Zeit des Übergangs können Überreste von Papiergeld in Goldeinheiten umgetauscht werden. Alle werden den gleichen Anteil erhalten, damit sie das erwerben können, was sie außerhalb des Tauschhandels zur Befriedigung ihrer täglichen Bedürfnisse brauchen.

Ein neues Währungssystem wird als eines der ersten Dinge im Geschäftsleben in der Periode der Rekonstruktion eingeführt werden. Die allgemeine wirtschaftliche Deflation während der Zeit von Armageddon wird den Wert von Waren und Dienstleistungen wieder auf den kleinsten gemeinsamen Nenner bringen. Wenn dieser Punkt erreicht ist, wird Gold als die Standardwährung wieder von grundlegender Bedeutung sein und als solide Basis fungieren.

Der freie Handel mit Waren und Dienstleistungen kann weltweit erreicht werden, wenn es eine gemeinsame Weltwährung gibt, die auf einem gemeinsamen Wert wie Gold basiert.

Die Bedeutung der Künste

Die Künste, Musik und Wissenschaften werden erblühen, und die gefesselten Formen werden freigesetzt werden. Man betrachte die Ordnung der

Natur. Sie ist das Muster für die zukünftigen Künste und Wissenschaften. Formen und Klänge werden sich mit der spirituellen Evolution der Erde im Einklang entwickeln. Eine neue Offenheit für Energien von anderen Planeten wird einen gewissen kosmischem Reichtum in Kunst und Wissenschaft anheizen und als Ergebnis davon, werden die Künste die Psyche des Menschen beruhigen und ihm erlauben, auf die intelligenteste Art und Weise die Leiter der Evolution hinaufzusteigen. Die Wissenschaften werden neue Sichtweisen eröffnen und Durchbrüche erzielen, die das physische Leben erleichtern werden.

Geologische Veränderungen

Die geologischen Veränderungen haben bereits begonnen. Wir sind aufgefordert, den Meeresspiegel der Ozeane zu beobachten, dessen Steigen man erwartet und die damit einhergehenden Auswirkungen auf küstennahe und tieferliegende Gebiete. Diese Veränderungen werden viele der großen städtische Zentren betreffen, die an Häfen und Wasserstraßen liegen. Kann es ein Zufall sein, dass die meisten der großen Finanzzentren der Welt in diesen Gebieten liegen? Dennoch werden alle Versuche, den Status quo der Erdatmosphäre zu erhalten, vergeblich sein, da die gegenwärtige Beschleunigung der Erdevolution dazu führt, dass mehr Energie denn je auf die irdische Ebene herabfließt. So wird dieselbe Energie, die den derzeitigen Wahnsinn auf der Erde verursacht, auch die Atmosphäre und die geographische Beschaffenheit der Erde nachhaltig in Mitleidenschaft ziehen.

Die beiden Kappen am Nord- und Südpol

werden in größerer Geschwindigkeit schmelzen, was zu einer Verwandlung von der gegenwärtigen ovalen Form der Erde in Richtung zu einer eher kugelförmigen führt. Dies wird zu einer natürlichen Verschiebung der Achse führen und wird Auswirkungen auf die derzeitige geographische Beschaffenheit der Welt haben. Viele tief liegende Regionen werden überflutet werden und ehemalige Meere, die einst existierten, wie in den Wüsten der Sahara, von Gobi und im Death Valley werden erneut geflutet werden. Dies wird nachhaltige klimatische Folgen für die umliegenden Landstriche haben und viel neues fruchtbares Farmland für die Zukunft erschließen. Das Verhältnis zwischen Land und Wasser wird ein ganz anderes sein, als wir es heute kennen. Diese Veränderungen werden sich innerhalb der kommenden Jahrzehnte allmählich vollziehen und zum Abschluss kommen, wenn wir in das Zeitalter des Wassermanns eintreten werden.

Nachwort

Alles geschieht wahrhaftig um des Guten willen. Um den Mythos von Armageddon zu überwinden als etwas, das man fürchten und vermeiden sollte, muss es als das große Gute verstanden werden, das der Schöpfer Seiner Schöpfung stets angedeihen lässt. Wie sollten wir ein Goldenes Zeitalter einleiten können, ohne die Erde zuerst von aller Unwissenheit und Finsternis zu reinigen? So lasst uns mit Mut und Standhaftigkeit vorwärts schreiten, die Wirren der kommenden Jahre ertragen, wohl wissend, dass Armageddon unsere Welt letztlich ausgeglichener und vollkommener machen wird.

Eine Fortsetzung dieses Buches wird folgen, um weitere Führung durch den späteren Teil von Armageddon zu geben. Es wird ausserdem Gedanken über die kommende Zeit des Wiederaufbaus liefern, die von entscheidender Bedeutung ist, denn die Wahl, die die Menschheit dann zu treffen hat, wird über ihren Weg ins Zeitalter des Wassermanns entscheiden.

www.ingramcontent.com/pod-product-compliance
Lightning Source LLC
LaVergne TN
LVHW020717110826
845149LV00012B/2301

* 9 7 8 0 9 8 6 8 3 2 7 2 7 *